新装版

継体天皇と即位の謎

大橋信弥

吉川弘文館

はしがき

本年（二〇〇七年）は、継体天皇即位一五〇〇年ということで、ゆかりの福井県や、滋賀県高島市を始めとする各地で、様々な催しがなされている。『日本書紀』によると、継体は、五〇七年丁亥《ひのとのい》に河《かわ》内《ち》樟葉宮《くずはのみや》に即位したとされるから、確かに今年で、一五〇〇年目ということになる。ただし、周知のように、『日本書紀』は、奈良時代の養老四（七二〇）年舎人《とねり》親王らにより撰進されたわが国最初の編年体の史書で、初代天皇とされる神武からは、紀年体で編集され、干支も付されてはいるが、それはあくまで編纂時点につけられたもので、当時のものではない。いわゆる年号が実際に使用されるのは大宝元（六〇〇）年の大宝令からで、干支年号が使用されたのも、一部を除き推古《すいこ》天皇のころ以降とみられている。したがって、継体即位を五〇七年丁亥とする『日本書紀』の記述に、信頼性をみるのは、まず困難といえよう。ただ継体の死んだ年次の継体二十五（辛亥五三一）年については、『日本書紀』が依拠した百済《くだら》史料（『百済本記』）からみて、ほぼ信用できるようで、亡くなった年齢は、『日本書紀』で八二歳、『古事記』が四三歳となっているから、その即位は、『日本書紀』の紀年によると、それぞれ五七歳、一八歳でとなり、生年は、四四九（允恭三八）年、四八八（仁賢元年）年となる。ただこうしたデータによっても、継体天皇が五世紀後半から六世紀前半に実在したことは間違いないところであり、今からおおよそ一五〇〇年前の大王が継体であったことは、ほぼ認めていいのではなかろうか。

また、ここ十余年、高槻市教育委員会が、すすめてきた「真の継体天皇陵」とみられる今城塚古墳の発掘調査では、平成一三・一四年度の調査で、国内最大規模とされる埴輪祭祀区の全容が明らかになり、ついに平成一九年一月には、後円部中央の北側で、横穴式石室の基礎とみられる石組み遺構が発見された。この石組み遺構は、一五九六年の伏見大地震により、北側約四《メートル》下部へ滑落しており、本来は墳丘の二段目上面に構築されたとみられる。これによって三段目の墳丘を復元すると、その高さは一八《メートル》を超える規模をもつことが明らかになった。そしてその高度な石室構築技術は、継体天皇のもつ独自な権力基盤を窺わせるものとして注目され、先の巨大な埴輪祭祀区の発見と併せ、謎の多い継体天皇の実像を探るうえで、大きな進展が認められている。

『日本書紀』によると、継体は近江高島の地で生まれ、幼いうちに父が亡くなったため、母の故郷である越前三国《みくに》に里帰りし、そこで成長したとされる。こうした所伝については、応神五世孫とする出自とともに、史実に基づくものなのか、或いは出自・所伝すべてがフィクションで、信用できないものなのかについて、多くの議論がこれまでなされてきた。私はその出自についてはともかく、こうした所伝については、史実に基づく可能性が高いという立場をとっているが、改めて調べてみると、意外に少数派であることを、思い知らされた。そこで本書では、こうした問題について、正面から取り上げ、私なりの考えとその根拠を、あらためて述べることにした。

私が継体天皇の即位について考える契機となったのは、近江の古代豪族を検討する中で、息長《おきなが》氏を取り上げ論究したことに始まる。継体天皇＝息長氏出自説の当否を検討する中で、継体そのものに論究を広げていったからである。ここに収録した文章は、そうした中で、これまで、様々な機会を得て執筆したもので、一部重複するところも認められるが、今回できる限り内容に改訂・修正を加えた。ただ論究の必要上、止むをえず削除しきれない部分もあったが、そうした部分は私が特に重ねて主張しているところでもあり、あえて残した場合もある。お許しを願いたい。

目次

図表目次

〔挿図〕

〔表〕

一　継体天皇の出現―日継知《ひつぎし》らす可《べ》き王無《みこな》し―

はじめに

天皇（武烈）既に崩《かむあが》りましぬ。日続知《ひつぎし》らす可《べ》き王無《みこな》し。故《かれ》、品太《ほむだ》天皇（応神）五世之孫《いつつぎのひこ》、袁本杼命《おほどのみこと》（継体）、近淡海国《ちかつあふみのくに》自《よ》り、上《のぼ》り坐《ま》さ令《し》メ而《て》、手白髪命於《たしらかのみことに》合せまつりて、天下《あめのした》を授《さづ》ケ奉《まつ》りき。

これは『古事記』の武烈《ぶれつ》天皇段の終わりの部分で、武烈天皇が亡くなったが、天皇には子が無く、王統を継ぐべき親族もなかったため、王統断絶という事態に見舞われたことが書かれている。そしてこのあと即位することになったのは、応神《おうじん》天皇の五世孫を称する継体で、継体は近江から大和に上って、仁賢《にんけん》天皇の皇女手白髪命と結婚して王位についたことを述べている。

この記事から、この時期に皇位継承をめぐり、大和政権内部において大きな変動のあったことが推測されるが、実はこうした事態は、これより前、雄略天皇の亡くなった後あたりから生じたことであり、やや遡ってこの間の事情をみておく必要があろう。仁徳《にんとく》に始まる五世紀の大王家は、五世紀後半の雄略《ゆうりゃく》の頃には、大和政権を構成する近畿の有力豪族から抜きん出た地位を確立し、「倭王武上表《わおうぶじょうひょう》

図1　大王家系図

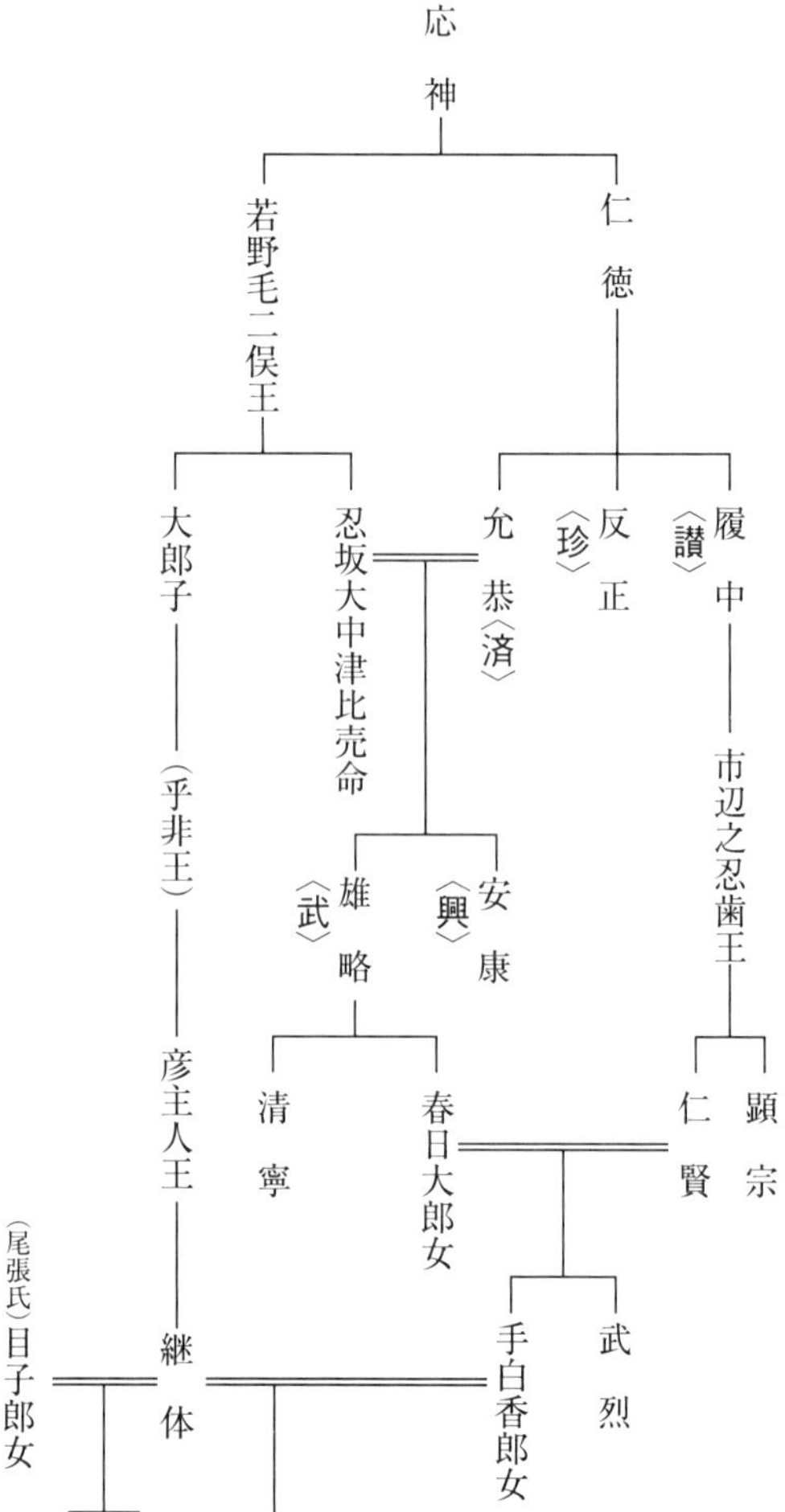

文《ぶん》」や、埼玉県行田《ぎょうだ》市の稲荷山《いなりやま》古墳出土鉄剣銘などから知られるように、大和政権の列島内における優位も、ほぼ確定したと考えられる。これに伴って大和政権の機構的な編成もすすみ、未熟ながら国家的な機構の整備もなされたとみられる。ところがそれにも関わらず、雄略の没後、最有力の後継者

であった白髪《しらが》皇子（清寧《せいねい》天皇）が、即位することなく亡くなったため、大和政権は王統の断絶という重大な危機を迎えたらしい。『古事記』は、このことを「此ノ天皇、皇后無く、亦《また》、御子も無くありき」とし、「天皇崩《かむあが》りましし後、天下《あめのしたしらしめ》治す可《べ》き王なし」と書いている。そして、こうした中で、允《いん》恭《ぎょう》―安康《あんこう》―雄略《ゆうりゃく》―清寧とつづく王統の流れからは遠くはなれた、顕宗《けんぞう》・仁賢が、相次いで即位している。すなわち二王は、履中《りちゅう》の皇子で、雄略によって殺害された市辺押磐《いちのべのおしは》皇子の遺児であるとされ、この時、父の死後身の危険を避けるため、播磨の縮見屯倉《しじみのみやけ》に隠れていたところを、偶然発見され朝廷に迎えられたと書かれている。ただ『古事記』『日本書紀』（以下『記紀』と略記）の記述には、不自然な点も多く、二王の系譜的位置についても、いくつかの異伝があって、問題を残している（大橋信弥「顕宗・仁賢朝の成立をめぐる諸問題―継体朝成立前史の研究―」『日本古代の王権と氏族』吉川弘文館、一九九六年）。そして二王の没後即位したのは、仁賢と清寧の妹春日大郎女との間に生まれた武烈であったが、先にみたように、この武烈にも子がなく、再び王統断絶という事態に見舞われるのである。そして武烈の没後即位することになったのは、顕宗・仁賢よりさらに五世紀の王統から大きく離れた応神天皇の五世孫を称する継体であった。

1　継体天皇の出自と出生地

継体の即位事情について『古事記』は、右に見たように、五世紀の倭の五王とは、ゆかりのない応神の後裔と称する継体が、「畿外」の近江より迎えられ、武烈の妹の手白髪命と結婚して即位したことを述べている。いっぽう『日本書紀』（以下『書紀』と略記）は、武烈の崩後、大連《おおむらじ》の大伴金村《おおとものかなむら》が群臣に議して、後継者を求めることとし、まず仲哀《ちゅうあい》天皇の五世孫とする倭彦《やまとひこ》王を迎えようとしたが失敗し、改めて越前三国にあった、応神五世孫の継体を迎えようとしたことを記している。ところが継体は、再三の要請を固辞したため、いっこうに王位が定まらなかったが、ようやく旧知の河内馬飼《かふちのうまかひ》首荒籠《おびとあらこ》の説得により、樟葉宮《くすはのみや》において即位したことを記している。

以上のように『記紀』は、王位継承や王統譜について、必要以上に慎重な立場をとっているにもかかわらず、雄略没後の二度にわたる王統の断絶を明記し、しかも「畿外」の播磨や、近江・越前に本拠をおく傍系の「王族」の擁立を記述しており、この時期の大和政権が、王権の存立をめぐって、大きな危機にあったことを示している。ただ、この間の『記紀』の記述には、その信憑性に多くの問題があり、史実を確定することは非常に難しい。このため、清寧をはじめ、顕宗・仁賢・武烈の実在について、否定的な見解が出されたり（水野祐『増訂　日本古代王朝史論序説』小宮山書店、一九五四年）、継体の出自についても、近江または越前を基盤として、「風を望んで北方より立った豪族の一人」で、応神五世孫というのは仮構にすぎないとする見解や（直木孝次郎「継体朝の動乱と神武伝説」『日本古代国家の構造』青木書店、一九五八年）、継体とかかわり深い近江に本拠をおき、『記紀』の王統譜に幾重にもからまって登場し、天武朝に皇親氏族に与えられる真人《まひと》をいち早く賜姓された息長《おきなが》氏こそ、継体の出身氏族とする見解も出されている（岡田精司「継体天皇の出自とその背景」『日本史研究』一二八、一九七二年）。それでは継体の即位事情や出自は、どのように考えることができるのであろうか。

継体の出自について『古事記』は、「品太天皇の五世孫」とするだけで、父母の名さえ伝えていないし、『書紀』はわずかに、父彦主人王《ひこうし》が「近江国の高嶋郡《たかしまのこほり》の三尾《みを》の別業《なりどころ》」にいた時に、美しいとの評判であった越前三国《みくに》の坂中井《さかない》出身の振媛《ふるひめ》を妻に迎えたことを記しているが、応神から彦主人王までの三代の系譜は判明しない。ところが鎌倉時代後期に、『書紀』の注釈書として卜部兼方《うらべかねかた》が著した『釈日本紀』が引用する『上宮記《じょうぐうき》』という書物に、応神から継体に到る系譜が記載されている。そしてその系譜が、『古事記』応神天皇段にみえる「若野毛二俣王《わかぬけのふたまた》系譜」に対応することも判明する。この『上宮記』という書物については、書名から聖徳太子の伝記の一つと考えられるが、継体の系譜を記すのは、「上宮記一云」とあるように、『上宮記』の異伝であり、その用字法などから、『記紀』より以前に成書化されたことが指摘されており（黛弘道「継体天皇の系譜について」『学習院史学』五、一九六八年。のち『律令国家成立史の研究』吉川弘文館、一九九二年に収録）、系譜の信憑性を高めている。ただし、ここ

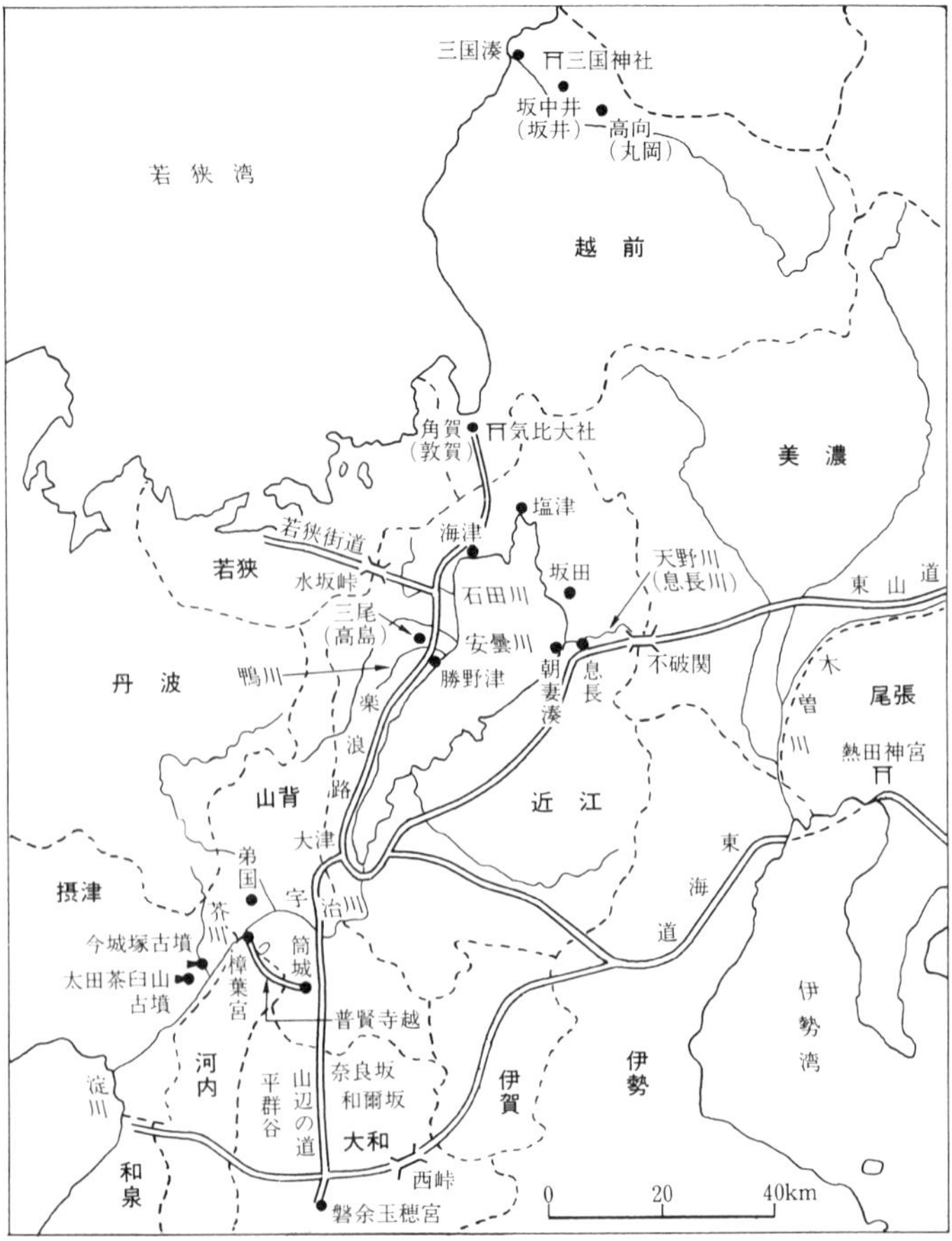
三国湊
三国神社
坂中井
（坂井）
高向
（丸岡）
若狭湾
越前
角賀
（敦賀）
気比大社
美濃
塩津
若狭街道
海津
若狭
水坂峠
石田川
坂田
天野川
（息長川）
東山道
三尾
（高島）
安曇川
鴨川
勝野津
朝妻湊
息長
不破関
丹波
楽浪路
木曽川
尾張
熱田神宮
山背
近江
大津
東海道
摂津
弟国
宇治川
芥川
今城塚古墳
太田茶臼山古墳
樟葉宮
筒城
普賢寺越
淀川
河内
平群谷
山辺の道
奈良坂
和爾坂
伊賀
伊勢
伊勢湾
大和
和泉
西峠
磐余玉穂宮
0
20
40km

図2　継体天皇関係地図

からただちに応神五世孫という所伝が史実として信用できるかというと、必ずしもそうでなく、問題を残している。そこで次に、継体の出生から即位に到る所伝について考えてみたい。

『書紀』はさきにみたように、父の彦主人王が近江高島の三尾別業に、越前三国から振媛を妻に迎え、継体の生まれたことを記したあと、継体の幼いうちに彦主人王が亡くなり、将来に不安を抱いた振媛は、継体を伴って故郷の越前三国の高向にもどり、継体を育てたことを記している。『古事記』

表1　継体天皇の后妃と出身氏族

	『古事記』	『日本書紀』
(1)	三尾君等祖、若比売	皇后手白香皇女
(2)	尾張連等之祖、凡連之妹、目子郎女	元妃、尾張連草香女、目子媛更名色部
(3)	意祁天皇（仁賢）之御子、手白髪命是大后	三尾角折君妹、稚子媛
(4)	息長真手王之女、麻組郎女	坂田大跨王女、広媛
(5)	坂田大俣王之女、黒比売	息長真手王女、麻績郎子
(6)	三尾君加多夫之妹、倭比売	茨田連小望女或曰、妹関媛
(7)	阿部之波延比売	三尾君堅槭女、倭媛
(8)		和珥臣河内女、荑媛
(9)		根王女、広媛

は、さきにみたように、近江出身のように記しているが、継体が近江で出生したことに重点をおいて記述した結果とも考えられよう。また近江退去後も高島の三尾に拠点を維持していたことを示唆しているのかも知れない。（大橋信弥「継体天皇と近江・越前—三尾氏と三国氏をめぐって—」本書第二章）なお「上宮記一云」にも、『書紀』と同様の所伝があり、継体が近江高島で出生し、越前三国で成長したことは、かなり有力な所伝であったと考えられる。そしてこのことは、継体の后妃に関する記載からも裏付けられる。

継体の后妃については、『古事記』に七人、『書紀』に九人の記載があるが、ほぼ共通しており、史実に基づく可能性が高い。そして、その記載方法や順序をみてみると、近江高島の三尾を本拠とする三尾君氏出身の妃が二人みえ、その若比売《わかひめ》は『古事記』の筆頭に記載され、『書紀』においても、仁賢皇女で欽明を生んだ手白香《たしらか》皇女、「元妃」と明記され安閑《あんかん》・宣化《せんか》を生んだ目子媛《めのこひめ》に次いで三番目に記載されており、若比売が継体の最初の正妃であったことを示唆する。また若比売の皇子女の中に大郎子がみえ、もう一人の三尾君氏出身の妃倭比売《やまとひめ》の子に、大郎女がみえており、大郎子・大郎女が、皇子女中の第一子の名にふさわしいところから、二人が継体の最も早く入内した妃であることを推測させる。そして倭比売が生んだ二男二女のうち、第二子の椀子《まろこ》皇子は、『書紀』に、越前三国を本拠とする三国公の始祖と明記されており、越前三国で成長した継体が、最初の妃として、父彦主人王以来、密接な関係にあった近江高島の三尾君氏から、若比売・倭比売の二人を迎えたことを示唆している。

図3　鴨稲荷山古墳の石棺出土状況

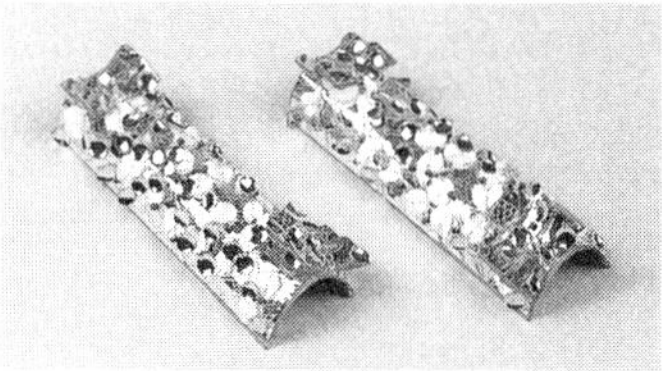

金銅製半筒型飾具

金銅製冠

金銅製飾履

図4　鴨稲荷山古墳出土の金銅製装飾品（復元）

三尾君氏については、越前の豪族とする見解もあるが、三尾別業の所在からみても近江高島とするのが順当であろう（大橋信弥「三尾君氏をめぐる問題—継体擁立勢力の研究—」『日本古代の王権と氏族』吉川弘文館、一九九六年）。なお三尾別業の故地については、三尾里の地名を残す、鴨川下流域右岸に展開する下五反田・南市東の二遺跡が時期的にもふさわしいとみられるが、直接このことを裏付ける資料は発見されていない。

近江高島の南部の山麓には五世紀後半ごろに築造されたとみられる、全長七〇《メートル》の帆立貝式古墳の田中大塚古墳があり、二段築成で葺石をもち、Ⅳ期の埴輪が出土している。そして六世紀中葉には、鴨川沿いに墳丘長約四五《メートル》の前方後円墳、鴨稲荷山古墳《かもいなりやまこふん》が築造されている。墳丘はその大半が消失しているが、一九〇二年（明治三五）、道路工事の土取りにより、後円部の横穴式石室から凝灰岩製《ぎょうかいがんせい》の家形石棺が発見され、副葬品の一部が持ち出されたが、一九二三年（大正一二）に京都帝国大学によって学術調査が行われた。棺内外からは金製垂飾付耳飾《すいしょくつきみみかざり》、金銅製の冠・飾履《しょくり》・魚佩《ぎょはい》、内行花文鏡、杏《ぎょう》葉《よう》・鏡板付轡《かがみいたつきくつわ》・雲珠《うず》などの馬具、環頭《かんとう》大刀、玉類、須恵器《すえき》など豊富な副葬品が出土し、この時期の大王クラスの首長墓であることが明らかになった（浜田耕作・梅原末治『近江国高島郡水尾村の古墳　京都帝国大学文学部考古学研究報告』第八冊、京都帝国大学文学部、一九二三年、小野山節ほか『琵琶湖の6世紀を探る』京都大学文学部考古学研究室、一九九五年）。継体大王をその父の代から強く支えた、三尾君氏に関わるものとして、ふさわしい内容をもつといえよう。

2　継体天皇と越

継体天皇と越《こし》の関わりは、『書紀』に、父彦主人王が「近江国の高嶋郡の三尾の別業」にいた時に、美しいとの評判であった越前三国の坂中井出身の振媛を妻に迎え、継体の生まれたことを記したあと、継体が幼いうちに彦主人王が亡くなり、将来に不安を抱いた振媛は、継体を伴って桑梓《もとつくに》の越前三国の高向《たかむこ》にもどり、継体を育てたことを記していることから明らかである。なお振媛の出自については、垂仁《すいにん》天皇の九世孫と記載されるだけで、王族として扱われており、具体的な豪族名は記載されていない。ただ後述するように、越前三国の豪族三国公《みくにのきみ》氏である可能性が高いとみられる。そしてこの点についても、継体の后妃に関する記載が注意される。

継体の后妃には、先にみたようにその中に、近江高島の三尾を本拠とする三尾君氏出身の妃が二人みえる。その一人若比売は、継体の最初の妃として近江高島から入内《じゅだい》したとみられるが、もう一人の三尾君氏出身の妃倭比売は二男二女をもうけている。第二子の椀子皇子は、『書紀』に、越前三国を本拠とする三国公氏の始祖と明記されており、継体の三国氏重視を示すとともに、振媛の出身氏族が三国公氏であったことを示唆している。このように、越は継体の成長に関わる地であって、三国は継体の母の故郷であり、継体を支えた最も重要な基盤であった。

福井平野では四世紀中葉から、全長八〇メートルから一四〇メートルの大型前方後円墳が、南部の旧丸岡町（現坂井市）・旧松岡町（現永平寺町）の尾根上に、継続して築造されているが、六世紀前葉から中葉にかけては、北部の旧丸岡町（坪江）・旧金津町（現あわら市）に首長墓が築造されている。横山丘陵に広がる横山古墳群中の南方の一群（坪江支群）に含まれる椀貸山古墳《わんがしやまこふん》は、六世紀前葉に築造されたとみられ、全長四五メートル、後円部径二八・八メートル、高さ約六・八メートル、前方部幅二四・二メートル、高さ約五・八メートルの北面する前方後円墳で、外周に周濠をめぐらし、二段築成で葺石《ふきいし》・埴輪を持つ。横穴式石室で、内部に石屋形を安置していた。また椀貸山古墳の北東に隣接して所在する神奈備山《かんなびやま》古墳は、全長六四・四メートル、後円部径三一・八メートル、高さ約七・二メートル、前方部幅二九メートル、高さ約五・九メートルの前方後円墳で、二段築成で上段のみ葺石があるが、埴輪は持たない。これも横穴式石室の内部には石屋形が存在していたとみられる。石室からは華麗な金銅製品やガラス子玉のほか土器・武器・武具・馬具などが出土した（中司照世「椀貸山・神奈備山両古墳と横山古墳群」『福井県立博物館紀要』八、二〇〇一年）。いずれも六世紀の越前の豪族の大きな勢力を示すものである。ただ、これ以前の首長墓が、福井平野南部に集中し、その大半が越前足羽《あすは》山産の笏谷《しゃくだに》石製の刳抜《くりぬき》式石棺を埋葬施設として、直接埋納するのに対し、横山古墳群では、「畿内」型の横穴式石室を採用し、石屋形を安置するなど、大きな変化がみられる。このことは福井平野北部の首長墓の被葬者を考えるうえで、無視できない点といえる。

なお、椀貸山古墳では、六世紀に尾張地方を中心に分布する尾張系埴輪の出土が知られ、この時期の越では、ほかに越前の中川六五号墳、鎌谷窯跡、加賀の借屋古墳群、矢田野エジリ古墳、二ツ梨殿様池窯跡群、能登の北川尻大海川河口遺跡などで、尾張系埴輪が出土しており、継体天皇の重要な擁立勢力である越と尾張を結びつける、興味深いデータである。また、椀貸山古墳と神奈備山古墳の埋

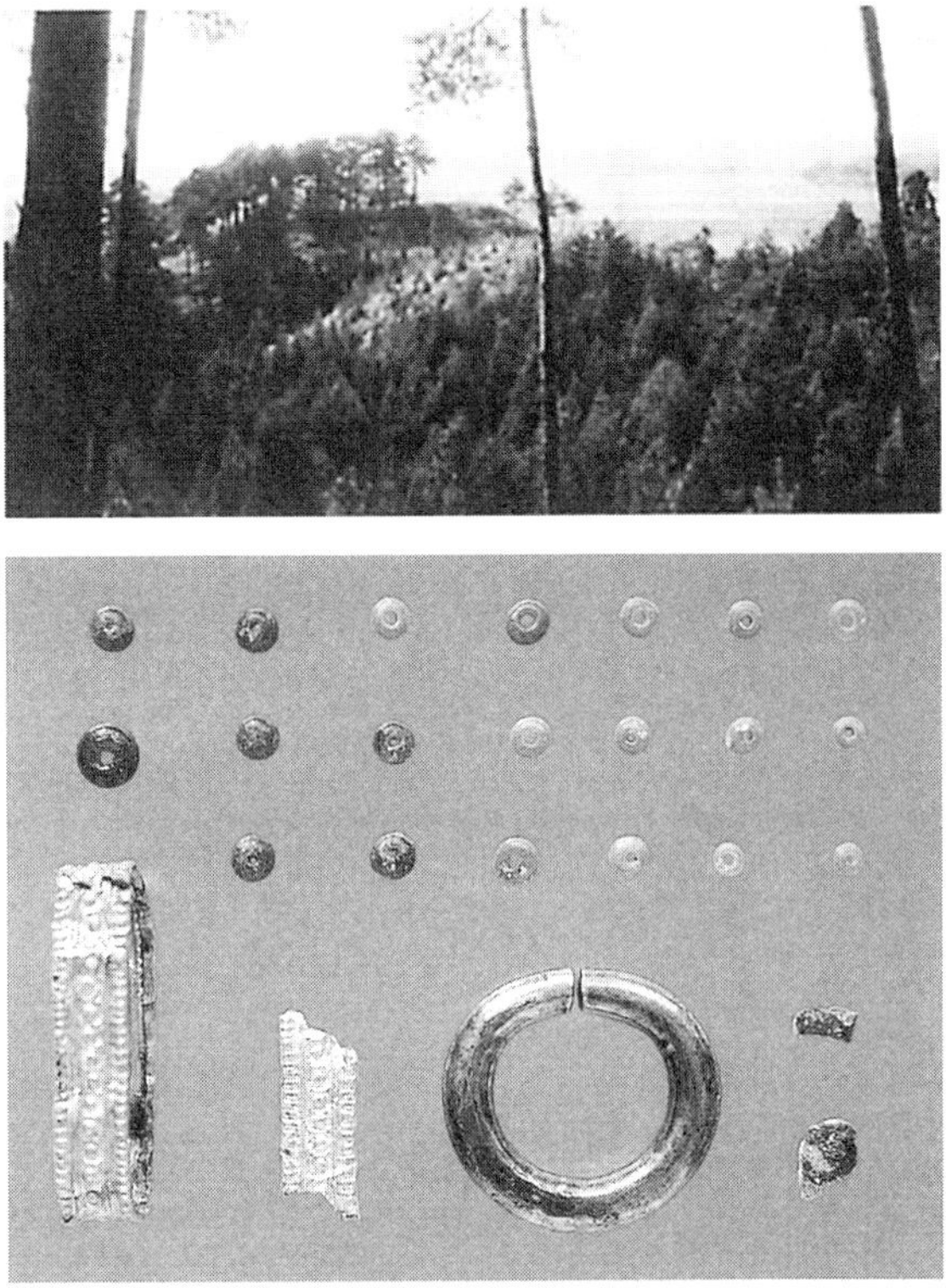

図5　神奈備山古墳と出土装飾品

葬施設は、横穴式石室の内部に石屋形のある北部九州において通有なものである。若狭の向山一号墳、能登の柴垣親王塚古墳、散田金谷古墳、そして近江の山津照神社古墳にも、同様の北部九州系の横穴式石室があると見られており、越と近江そして北部九州をつなぐ、太いルートの存在が推測され、継体天皇の出現を考えるうえで、無視できないデータといえよう（中司照世「継体伝承地域における首長墳の動向―畿内周辺地域を中心として―」『継体大王とその時代』和泉書院、二〇〇〇年）。

なお、継体王統の出身地は、近江高島の拠点が、父の「別業」にすぎない以上、「畿内」のいずれかに求めるのが自然と考えられ、後に検討を加えたい。したがって、右にみたように、継体はその出生の地である近江高島の三尾と越前三国を基盤として、中央に進出するのではあるが、『記紀』と「上宮記一云」にみえる、継体とその祖父乎非《おひ》王の后妃についての記載は、継体の支持勢力がさらに広い範囲に存在することを示唆している。

3　継体天皇と尾張・東国

継体の后妃の中で、大后の手白髪命《たしらかのみこと》に次ぐ地位にあったのは、安閑《あんかん》・宣化《せんか》の母である目子郎女で、尾張の豪族、尾張連《おわりのむらじ》氏の出身であった。『古事記』は筆頭の三尾君氏出身の妃若比売に続き、「尾張連等之祖《らがおや》、凡連《おほしのむらじ》之妹、目子郎女」を載せる。『書紀』も、仁賢皇女で欽明を生んだ手白香皇女についで、「元《はじめ》の妃《みめ》」と明記し、「尾張 連草香《おわりのむらじくさか》が女《むすめ》」目子媛が記載されている。このことから目子郎女が継体の妃となったのは、三尾君氏出身の妃若比売に次いで早く、継体の越前在住中の早い段階であったとみられる。尾張連氏が、継体擁立勢力として大きな位置を占めていたと考えられよう。

また「上宮記一云」に汗斯王《うしおう》（彦主人王）の母が、美濃の豪族牟義都国《むぎつのくにの》造《みやつこ》の娘であることがみえ、継体の祖父の段階から美濃の豪族とも繋がりが確認される。そして牟義都国造は牟宜都君《むぎつのきみ》が本姓で、

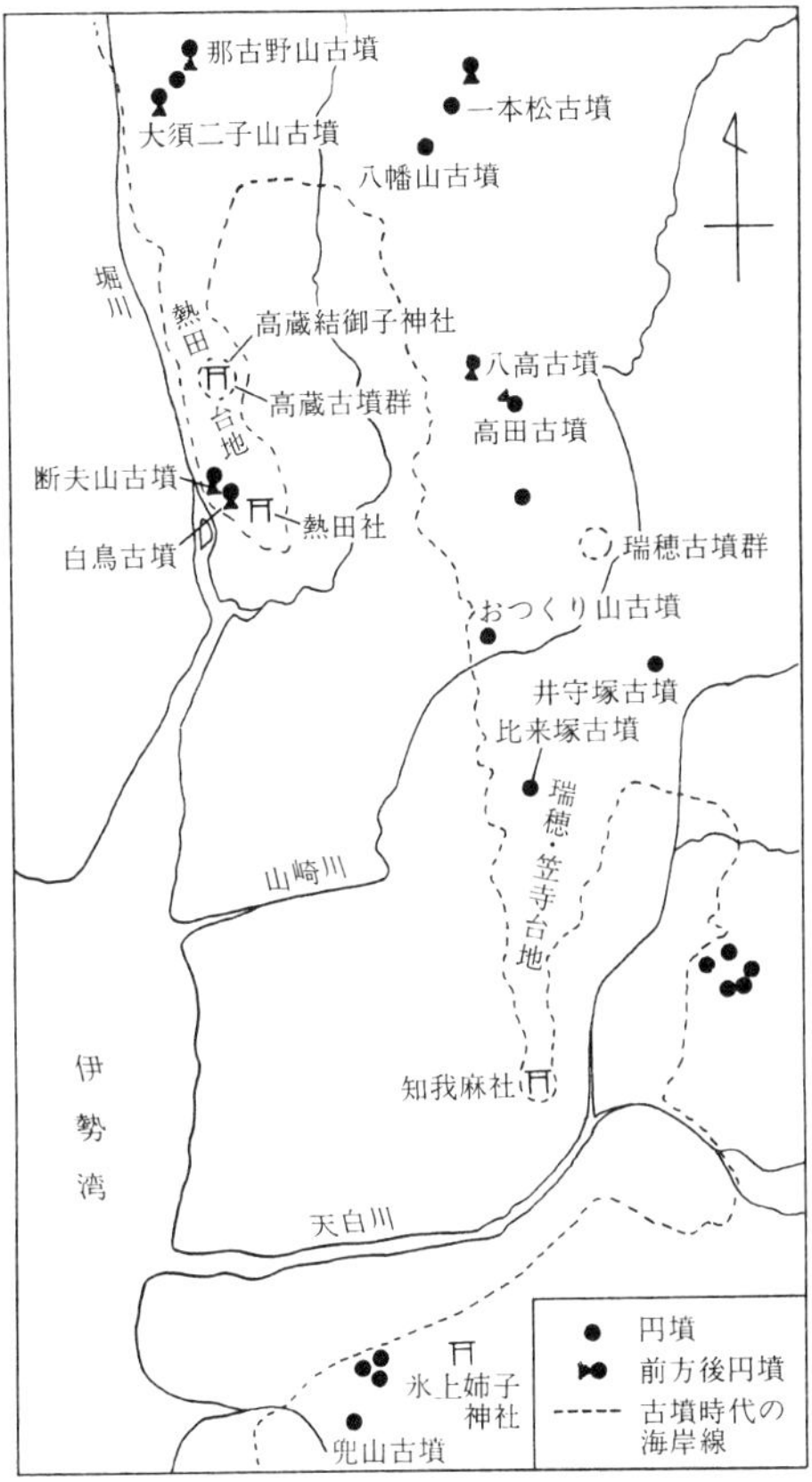

図6　古墳時代の熱田周辺図

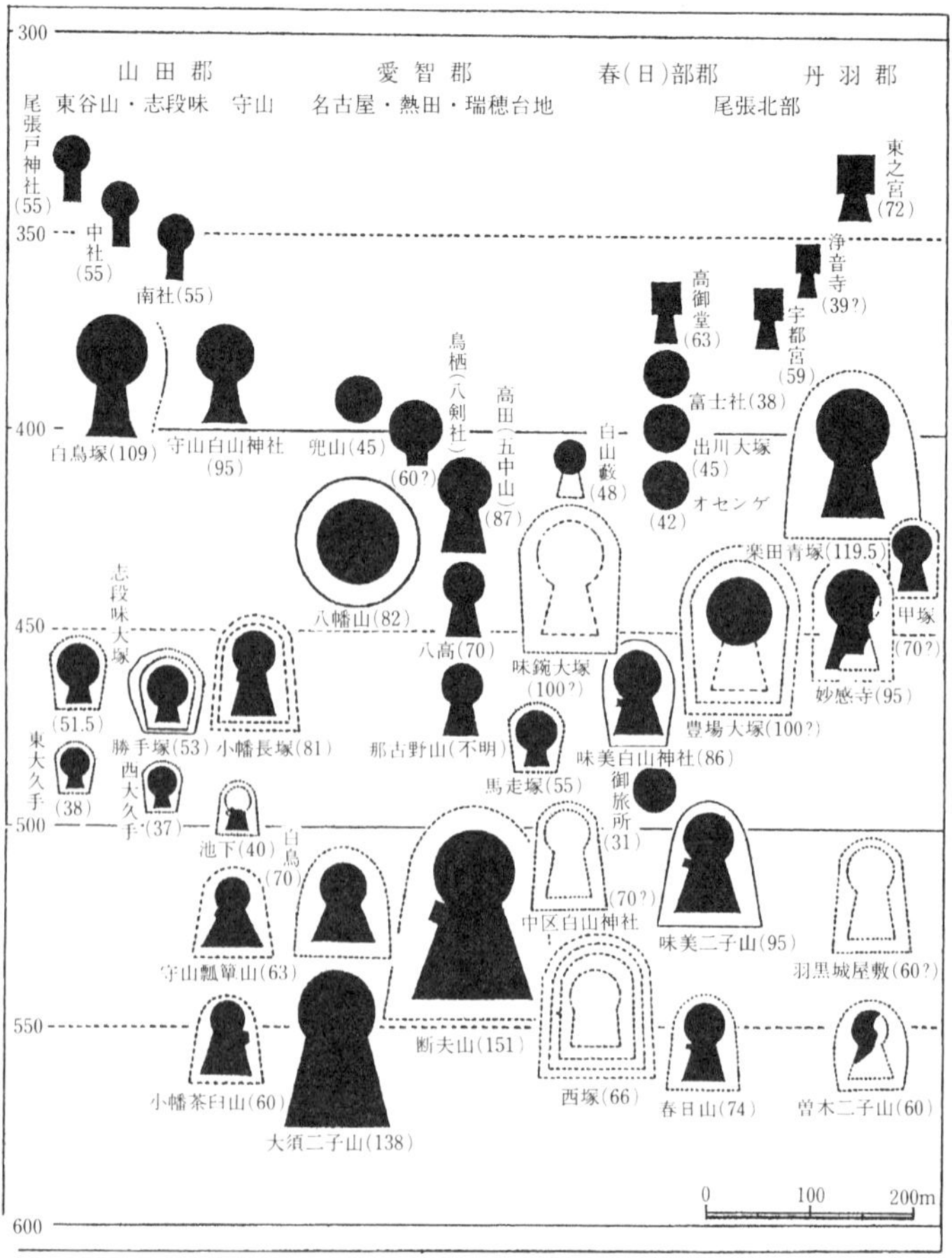

図7　尾張の主要古墳編年図

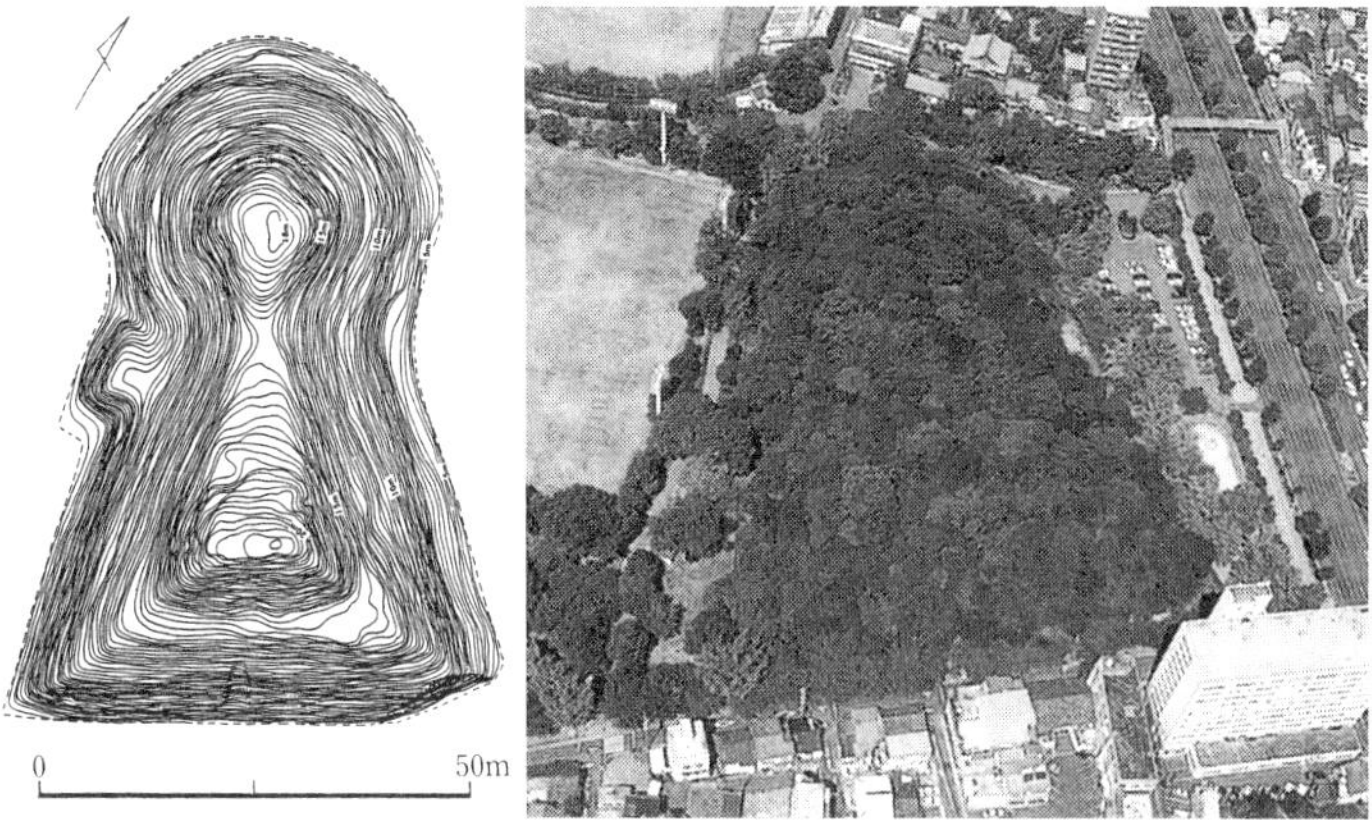

図８　断夫山古墳　空中写真と平面実測図

『記紀』にその始祖はヤマトタケルの兄大碓命《おおうすのみこと》とあるところから、タケルを通して尾張連氏との関わりも推測される。継体と尾張氏の結託の前提として、近畿東方の勢力との連携がかなり早く成立していたことが想定される。これはひとつの憶測であるが、東国史のその後の展開をみる時、尾張連氏との同盟関係により、尾張以東の東国勢力が、継体の支持勢力に組み込まれることになった可能性も、否定し切れないであろう。

　尾張の豪族の勢力を示すものとして、尾張とその周辺の古墳と古墳群の様相がある。五世紀から六世紀にかけての尾張では、それまで濃尾平野山麓部に分布していた大型古墳（首長墓）が名古屋台地に出現し、しだいに南下する様相が窺える（赤塚次郎「断夫山古墳と伊勢の海」『伊勢湾と古代の東海』古代王権と交流4、名著出版、一九九六年）。すなわち庄内川中流域の味美《あじよし》古墳群では、味美白山神社古墳、味美二子山古墳と五世紀後半から九〇《メートル》前後の大型前方後円墳が相継いで出現する。味美二子山古墳は、墳丘長九五メートル、全長一一六メートルを測り、盾形の周濠を持つ前方後円墳で、周濠内からは円筒埴輪・壷形埴輪・人物埴輪・馬形埴輪・家形埴輪・盾形埴輪・蓋形埴輪など豊富な資料が出土している。

これにやや遅れて熱田《あつた》台地の手前に大須古墳群が出現する。このうち大須二子山古墳はすでに消失したが、全長七五メートルの前方後円墳で、墳丘からは土師質《はじ》と須恵質《すえ》の埴輪が出土したほか、後円部中央の竪穴式石室には朱が詰まった刳抜式《くりぬきしき》木棺があり、石室内から、鏡・甲冑・馬具類・刀片・玉類が出土している。鏡二面は舶載鏡で、画文帯四神四獣《がもんたいししんしじゅうきょう》鏡と画文帯四仏四獣鏡である。前者は石川県狐塚古墳出土鏡と同笵であり、後者は岡山県倉敷市王墓山古墳・千葉県木更津《きさらづ》市鶴巻塚古墳から出土した鏡と同笵である。五世紀末に築造されたとみられている。

そして六世紀初頭には、突如熱田台地先端に断夫山《だんぶざん》古墳が出現する。東海地方で最大の前方後円墳で、全長一五一メートル、前方部幅一一六メートル、高さ一六・二メートル、後円部径八〇メートル、高さ一三メートルの規模を誇る。現在は石垣で組まれ、区画された周濠を持つが、以前はより幅広い濠が巡っていたという。また、西側の前方部と後円部の間のくびれ部分に造出《つくりだし》を持つ。後円部には現在でも段が認められ、三段に築成されていたらしい。出土資料としては須恵質の円筒埴輪が知られているにすぎない。この時期の近畿を除く地域では、福岡県八女《やめ》市の岩戸山古墳（全長一三五メートル）と並ぶ、規模と内容をもつと見られ、また同時期の近江・越前の首長墓がいずれも全長六〇メートル前後であるのと比べても、尾張の豪族の突出した実力を示すものであろう。

　そして、さきに少し述べたように、継体天皇と尾張の豪族が同盟関係にあったことは、五世紀以降、大和政権の経済的・軍事的基盤として、重要な地位を占めることになった「東国」を押さえるうえでも、大きな意義をもつことも考慮すべきであろう。大和政権と東国との関係を直接示す考古資料や文献は多くないが、埼玉県行田市の埼玉《さきたま》古墳群のひとつ稲荷山古墳から出土した鉄剣銘は注目される。銘文の内容に詳しくふれる余裕はないが、この古墳の被葬者で、銘文にその名が見える乎獲居臣《をわけのしん》は、代々、大和政権の「杖刀人《じょうとうじん》の首《おびと》」すなわち大王の親衛隊長の職を受け継いで「大王」に仕え、そのことによって「天下を左治《さじ》し」たことを自負している。このことは乎獲居臣の一族が大和政権の有力な構成員であったことを明確に語るとともに、当時の大和政権の構成員が、近畿地方の豪族だけでなく、各地の地域勢力も含んでいたこと、政権内の重要な地位についていたことを示している（大橋信弥「吾、天下を左治す—五世紀の大王と豪族—」滋賀県立安土城考古博物館平成十八年度春季特別展『吾、天下を左治す—大王と豪族—』二〇〇六年）。

　五世紀以降、大和政権は、各地の地域勢力、中でも東国の首長の子弟を、後の舎人《とねり》・靫負《ゆげひ》や采女《うねめ》のようなトモとして、大王の近くに奉仕させていたらしい（井上光貞「大和国家の軍事的基礎」『日本古代史の諸問題』思索社、一九五二年）。後の「大化の東国国司」や防人の例を持ち出すまでもなく、東国が王権にとって、政治的・軍事的基盤として、大きな位置を占めていたのである。こうしたことを裏付

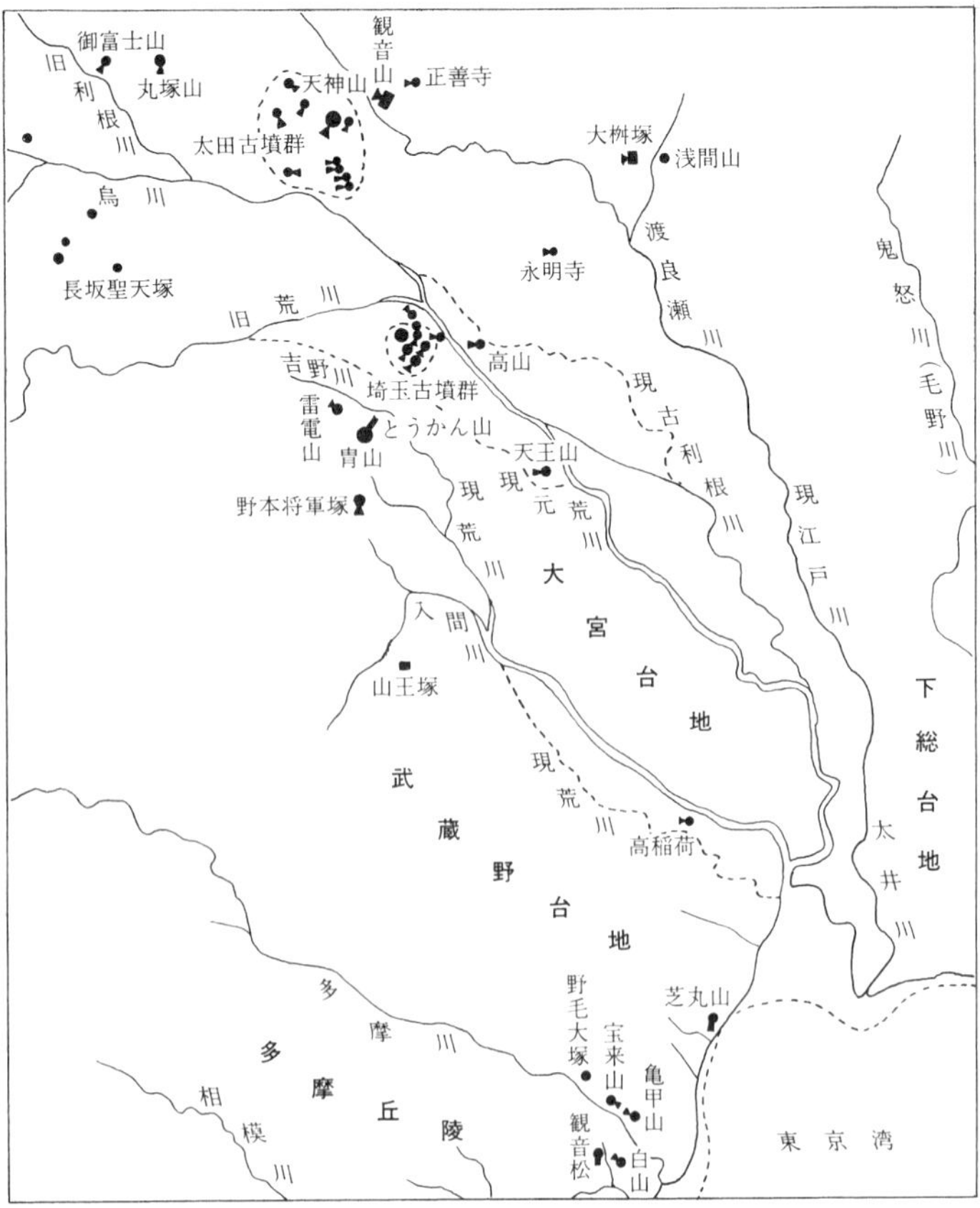

図９　東国の前方後円墳分布図

けるものが、五世紀後半頃から六世紀前半にかけて、群馬・埼玉・千葉など関東地方各地において、大型の前方後円墳が多数築造されることが指摘されている。すなわち古墳時代後期の全長六〇㍍以上の前方後円墳の数は、近畿地方の三九基に対し、関東では二一六基を数え、五世紀後半ころからの増加が著しい。これらのことから、この頃東国各地の首長が、他地域に抜きん出て、大和政権と特に親密な同盟関係に入ったことを示唆するものといえよう（白石太一郎「関東の後期大型前方後円墳」『古墳と古墳群の研究』塙書房、二〇〇〇年）。

またこの時期の東国に広く分布する考古資料に、鈴鏡など鈴の付した出土資料が注目される。それとともにこの時期に東国で盛行する埴輪人物像の中にも、鈴鏡を下げた女子像が少なからず見られ、鈴鏡の使用状況を窺ううえで注目されている。かつてこうした女子像は、その衣装から「巫女《みこ》」を形象化したとする見解が有力であった。しかし、近年の研究によると、中国や朝鮮半島の例を参考に、これは礼装した高貴な女性を表すもので、この場合東国の豪族の夫人や子女を形象化したもので、東国の首長が特段大和政権から優遇されていた一端を示すとする見解も出されている（塚田良道「天王山古墳出土の十鈴鏡を腰に下げる人物埴輪」『行田市郷土博物館研究報告』第5集、二〇〇一年）。大和政権と東国の特別な関係を考える時、それを裏付ける有力なデータといえよう。

4　継体天皇と近江

継体と坂田

越前三国と近江高島を拠点とした継体と、尾張・美濃の勢力との協力関係が明らかになるなら、その中間に位置する近江坂田の重要性が浮かびあがってくる。事実、交通路から見て、継体の二大拠点である近江高島・越前三国と尾張・美濃を結ぶ場合、いずれも近江坂田を経由する必要があるからである。そして、継体には近江坂田出身とみられる二人の妃がみえる。一人は息長真手王《おきながまて》の娘麻組郎女《をくみのいらつめ》、もう一人は坂田大俣王《おおまた》の娘黒比売《くろひめ》である。二人の妃の父は、いずれも某王を称しており、王族のようであるが、同じ息長真手王の娘で、敏達天皇の「皇后」となる比呂比売命《ひろひめのみこと》があり、この比呂比売命の墓について『延喜式』諸陵寮には、近江国坂田郡に所在することが明記されている。後の近江国坂田郡の有力豪族、息長君氏、坂田君氏の出身であると考えられる。なお『書紀』のみにみえる妃の広媛の父根王《ねのおおきみ》は、その出自など不明な点が多いが、広媛の生んだ二人の皇子のうち、兄の兎皇子《うさぎ》が酒人公氏《さかひとのきみ》の、弟の中皇子が坂田公氏の祖とあり、これも近江坂田にかかわりのある妃であることが推測される。継体の九人の妃のうち三人までが近江坂田にかかわりを持つことは、継体の擁立勢力として、近江坂田の豪族が大きな位置を占めていたことを、あらためて確認させる。

坂田の豪族の勢威を示すものが、姉川流域の上坂に分布する坂田古墳群と、天野川流域に分布する

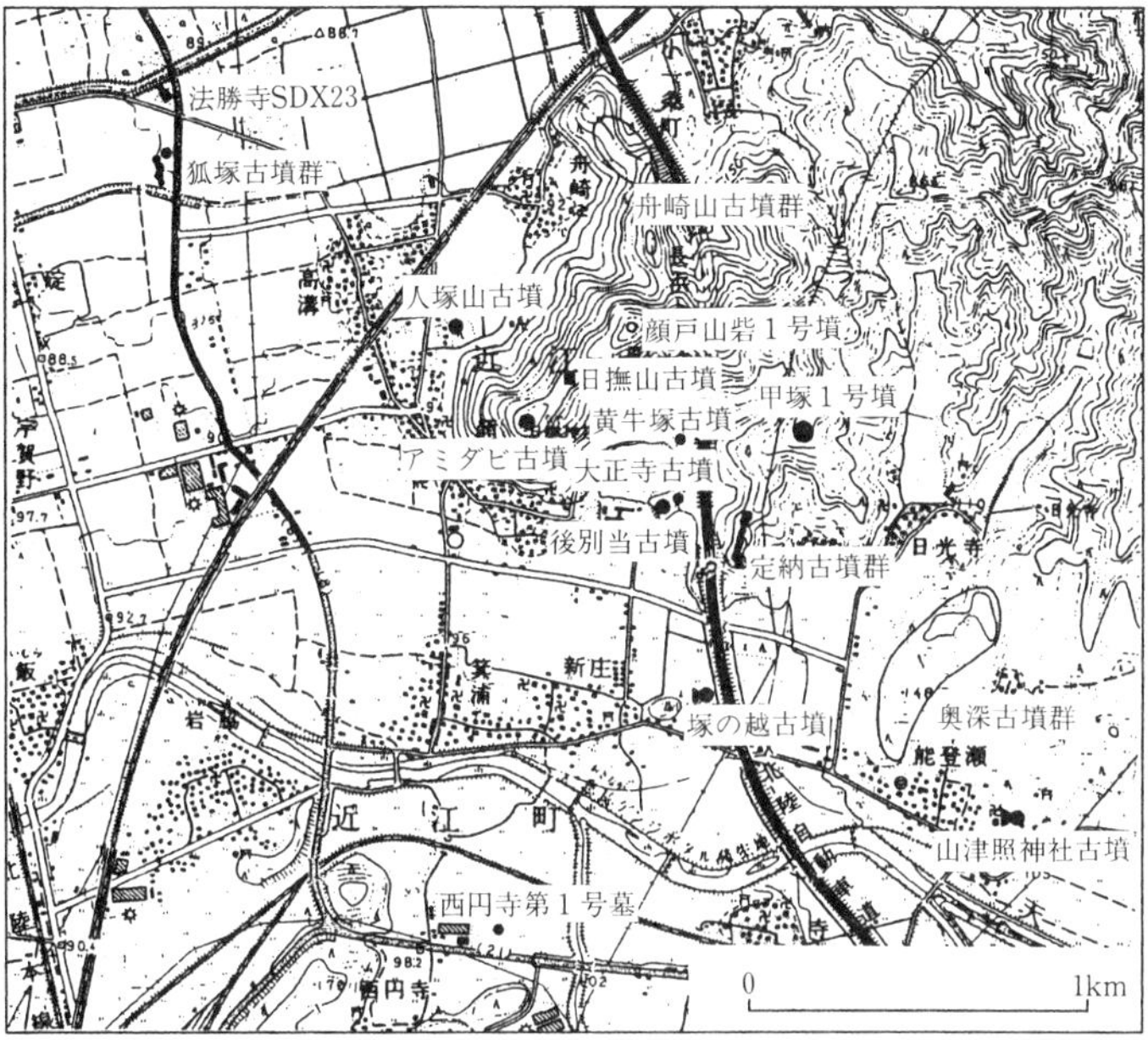

図10　息長古墳群分布図

息長古墳群である。息長氏に関わる後者では、五世紀後半までは、正規の前方後円墳も造らず、取り立てて目立った様相は見られないが、六世紀に入ると規模や副葬品において、近江のみならず近畿においても最有力の首長墓が出現している。

　六世紀初頭に築造されたとみられる塚の越古墳は、西側に前方部を持つ、全長四〇・四メートル、後円部径二六・七メートル、前方部幅二四・五メートルの前方後円墳である。東西幅約五八メートル、南北幅約四二メートルの周濠を持ち、息長古墳群の中にあって初めて平地に築かれた古墳であった。かつて金銅製装身具残欠を出土したとする記録があり、

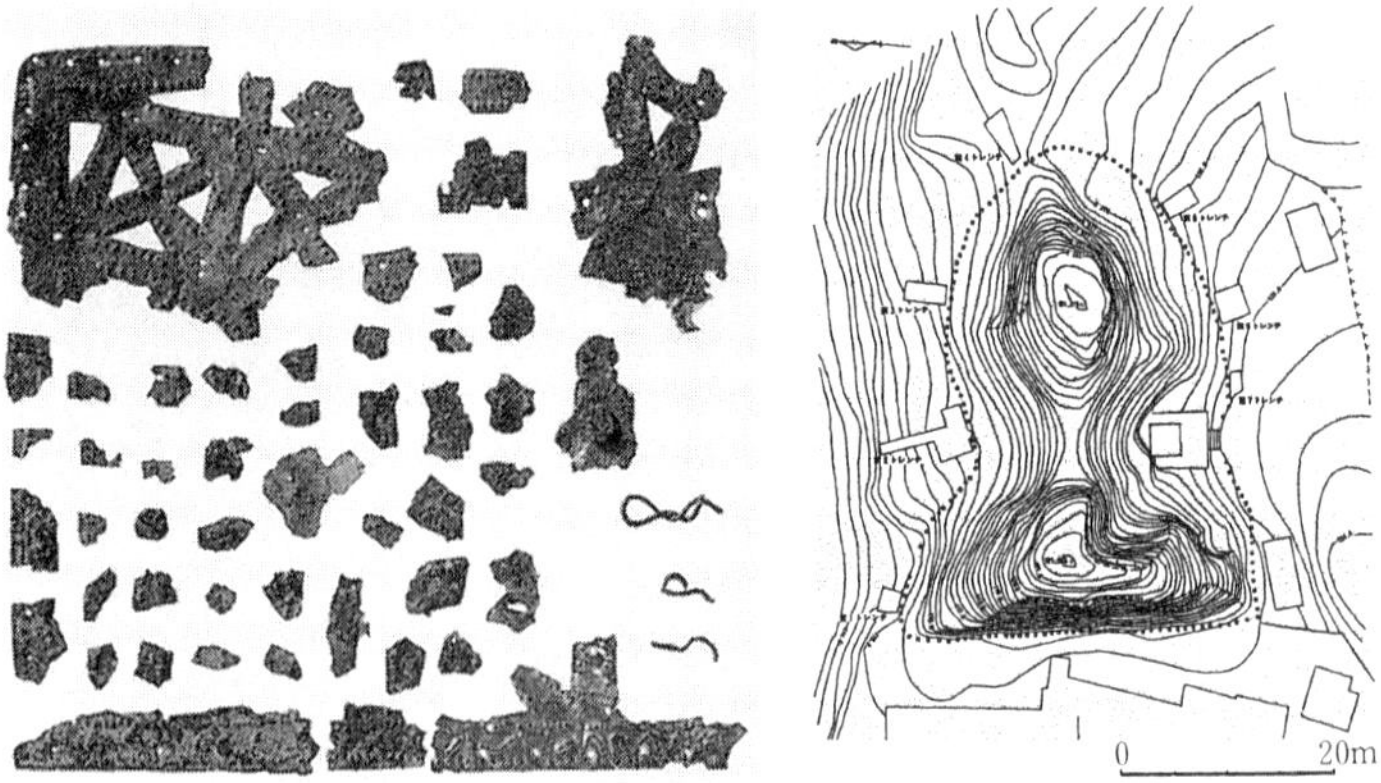

図11　山津照神社古墳　墳丘測量図と出土遺物（金銅製冠破片）

後円部の裾部には、石見型埴輪を一定間隔で廻らせている。また、この裾部では木製埴輪を廻らせたと推測される柱穴列も確認されている。滋賀県内において石見型埴輪を採用するのは、次にみる山津照神社古墳と旧近江町（現米原市）狐塚古墳、守山市服部一九号墳（木製）、野洲市林ノ腰古墳（木製）のみであり、注目されるところである。なお他に、破片であるが家形埴輪・馬形埴輪・人物埴輪・鶏形埴輪なども出土している。

　また六世紀前半に築造されたとみられる山津照神社古《やまつてるじんじゃこ》墳《ふん》は、全長四五《メートル》、後円部径二三《メートル》、高さ五《メートル》、前方部幅二八《メートル》、高さ五《メートル》の前方後円墳である。社殿の改築工事の際に埋葬施設が偶然発見され、多くの出土品があった。記録がとられた後埋め戻されたが、北部九州系の石屋形をもつ横穴式石室の可能性もあり、金銅製冠、五鈴鏡を始めとする三面の銅鏡、水晶製三輪玉、馬具など、華麗な副葬品が出土していることから、高島市鴨稲荷山古墳や野洲市甲山・円山古墳と並んで、六世紀の近江を代表する首長墓とみられる（『米原町史　通史編』米原町役場、二〇〇一年、『長浜市史』第一巻「湖北の古代」長浜市役所、一九九六年、小野山節ほか『琵琶湖の6世紀を探る』前掲）。また、東日本に出土例が多く見られる鈴鏡の副葬から、被葬者と東国との関わりを示すものといえよう。近年の調査で、石見型埴輪を含む多くの埴輪を持つことも明らかになり、今後の調査が待たれるところである。息長・坂田酒人・坂田など、近江坂田の豪族は、越前三国と近江高島を二大拠点として勢力を広げつつあった継体と、尾張・美濃、さらには東国など「畿内」東方の勢力を結びつけるうえでも、重要な役割を果たしたと考えられる。

継体と野洲　従来、注目されながらも、良好な資料に恵まれず、十分に明確に出来なかったのが、継体天皇の擁立に果たした、後の近江国野洲郡の豪族近淡海《ちかつおうみ》安国造《やすのくにのみやつこ》=安直《やすのあたい》氏の役割である。近淡海安国造=安直氏の系譜や伝承が『記紀』に断片的にしか採用されなかったのは、安直氏の本拠である野洲郡が、古代最大の内乱である壬申の乱において、勝敗を左右する激戦地となったことから、安直氏が近江朝廷に加担したため、失脚・衰退したためではないかとみられている。事実野洲郡に関わる文献・出土文字資料から、八世紀以降の安直氏の具体的な動向を示すものはなかったが、平成一三年に調査された、奈良県飛鳥の石神遺跡の第十五次調査において、南北大溝・東西大溝などから出土した約五六〇点余の荷札木簡の中に、「安評《やすのこほり》御上《みかみ》五十戸《のさと》」（野洲郡三上郷）に居住する「安直族麻《やすのあたひぞくあさ》斗《と》」なる者が見え、「族《ぞく》」姓ながら七世紀後半の野洲郡内に明らかに居住することが確認された（奈良文化財研究所「石神遺跡発掘調査（第十五次）現地説明会資料」奈良文化財研究所飛鳥藤原京調査部、二〇〇二年）。そして一九九五年から史跡整備に伴う発掘調査が実施された大岩山古墳群の甲山古墳と円山古墳の調査では、すでに早く盗掘されていたにもかかわらず、残された副葬品によって、この二つの古墳が古墳時代後期（六世紀前半）の近畿において大王クラスの規模と格式を持つものであることが明らかになり、この時期の、野洲の首長の実力と勢力の大きさを、裏付けることになった。

円山古墳は、直径約二八メートル、高さ約八メートルの円墳と考えられている。段築や葺石などは認められていない。全長一〇・七五メートルの石室は西側に入口を有し、奥から見て右側に袖石を持つ。入口から奥に向かうに従い天井石が一石ごとに階段状に低くなると同時に床面も斜めに下がる羨道を有する。その奥、長さ四・二二メートル、奥壁幅二・四メートル、高さ三・一メートルの規模の玄室の床面には玉石が敷き詰められており、手前中央部には、内外面ともに水銀朱が塗られた長さ二・八三メートル、最大幅一・四七メートル、高さ一・八三メートルの熊本県宇土《うと》半島産の阿蘇《あそ》溶結凝灰岩《ようけつぎょうかいがん》で作られた刳抜式の家形石棺が収められている。棺蓋の長辺に二つずつの縄掛突起があるが、本来は短辺側中央部にも一つずつ備わっていたことが明らかになった。またその奥には奥壁に沿って二上山《にじょうざん》の凝灰岩を用いた組合式家形石棺も発見された。石室内出土の遺物は、金銅製冠（？）・銀製耳飾・ガラス玉付飾金具・金銅製飾金具や一万点にも及ぶガラス玉などの装身具をはじめ、環頭太刀・鉄鏃《てつぞく》・挂甲《けいこう》・衝角付冑・胡籙《ころく》などの武具、鏡板《かがみいた》・杏葉《ぎょうよう》・鞍金具・鐙《あぶみ》などの馬具など貴重な資料が数多く出土している。これも甲山古墳と前後する時期、六世紀前半に築造されたとみられる。

また円山古墳の西八〇メートルに所在する甲山古墳は、滋賀県野洲市小篠原字甲山の大岩山から北西に派生する丘陵先端部に位置し、墳丘の直径は三〇メートル以上になると推定され、墳丘頂部と水田面との比高差は最大で約二〇メートルにもなる。出土資料から六世紀前半に築造されたとみられる。墳丘の中心部に築造された埋葬施設は、西南西に開口し奥から見て右に袖石をもつ全長一四・

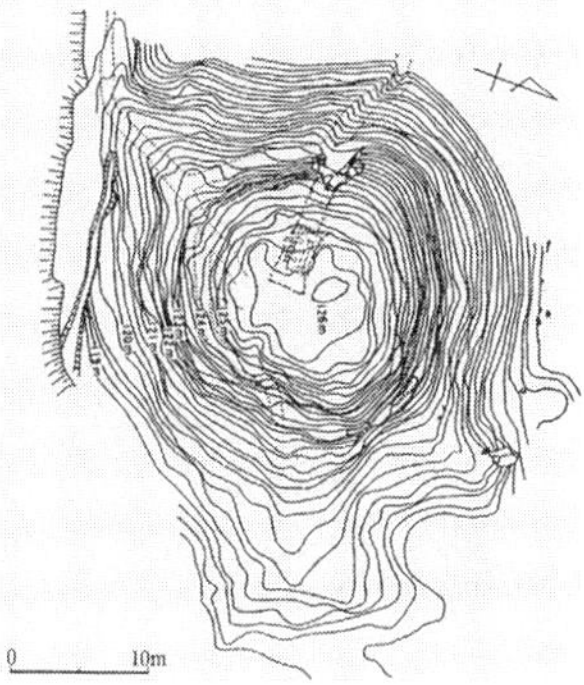

図12　円山古墳墳丘測量図

図13　円山古墳家形石棺

図14　円山古墳出土遺物（ガラス玉）

二四メートルの片袖式の横穴式石室である。円山古墳と同様、入口から奥に向かうに従い天井石が一石ごとに階段状に低くなる。玄室の規模は長さ六・八メートル、幅二・八メートル、高さ三・三メートルで、床面には玉石が敷き詰められている。その中央部には長さ二・六メートル、最大幅約一・六メートル、高さ約一・八メートルの熊本県宇土半島産の阿蘇溶結凝灰岩で作られた刳抜式の家形石棺が安置されている。石棺の内外面には手斧による加工痕や赤色顔料が良好な状態で残っており、分析の結果、その顔料は水銀朱とベンガラの二種類が用いられていたことがわかった。石室内からはガラス玉をはじめとする玉類、挂甲《けいこう》小札《こざね》や大刀・鉄矛などの武具・武器類、馬甲・鉄地金銅製《てつじこんどうせい》の鏡板付轡《きょうばんつきくつわ》などの馬具類、金糸、鉤状《かぎじょう》鉄器、須恵器など多くの遺物が出土している。この内、金糸や馬甲は類例が少なく貴重なものである。また鉤状鉄器は奈良県藤ノ木古墳などの例から石室内を荘厳にする布帛《ふはく》をかけるための吊り手ではないかと考えられている。甲山古墳・円山古墳が野洲地域の有力首長の墓というだけでなく、鴨稲荷山古墳や山津照神社古墳とともに、六世紀の前半代の近江における最有力の首長の墓といえよう（平成一二年度秋期特別展『古代国家の始まり—近江野洲の王たち』野洲町立歴史民俗博物館、二〇〇〇年）。

このようにみてくるなら、先にすこしふれたように、二つの古墳の被葬者は、野洲郡の古代豪族で、『古事記』開化《かいか》天皇段・景行《けいこう》天皇段にその系譜の知られる近淡海安国造＝安直が最も有力であろう。その始祖は開化天皇の皇子日子坐王《ひこいますのおおきみ》の子水穂真若王《みずほのまわか》で、ヤマトタケルの妃の一人布多遅比売《ふたじひめ》は安国造の女であった。近淡海安国造は、近江の古代豪族としては、異例のカバネ直《あたい》を称しているが、すで

図16　甲山古墳家形石棺

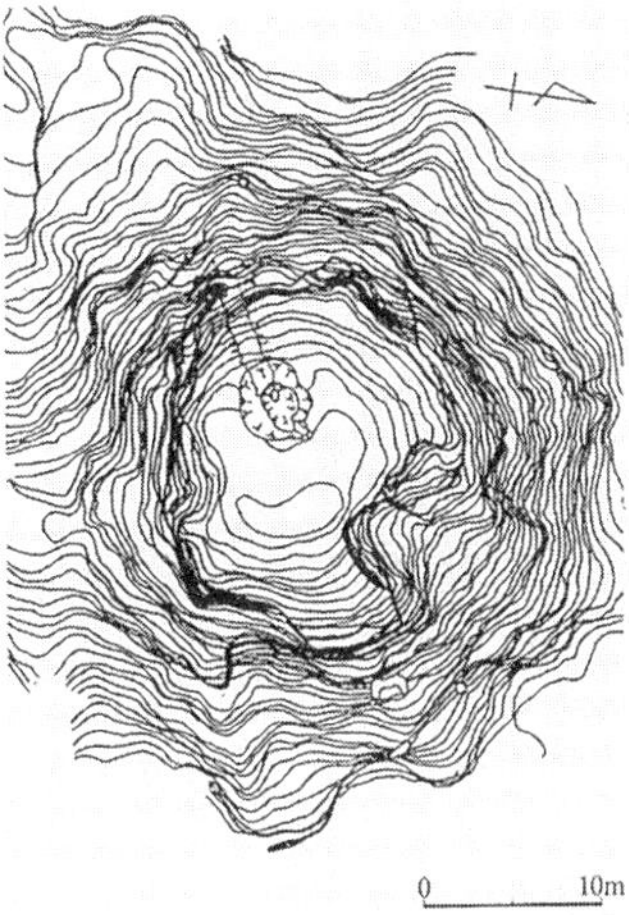

図15　甲山古墳墳丘測量図

図17　甲山古墳出土遺物（金銅製装身具）

に研究があるように直姓の国造は、六世紀ごろ全国的に置かれた可能性があり、五世紀代にはかなり不調であった野洲地域（野洲川右岸）の首長墓が、六世紀以降急速に有力化することと、無関係とは考えられない。そして、二古墳に埋置される阿蘇溶結凝灰岩製の家形石棺は、真の継体天皇陵とされる、大阪府高槻市の今城塚古墳でも、その破片が出土しており、安直氏と継体天皇との浅からぬ関係を示している。

なお、甲山古墳の可能性が高い三上山下《みかみやました》古墳出土と伝えられる獣帯鏡《じゅうたいきょう》二面は、百済《くだら》武寧王《ぶねいおう》陵から出土した獣帯鏡と同笵《どうはん》と見られ、また群馬県前橋市の綿貫観音山《わたぬきかんのんやま》古墳から出土した獣帯鏡も三上山下古墳出土の獣帯鏡のうち一面から踏み返したことが指摘されている。この種の獣帯鏡が中国南朝にお

図18　三上山下（甲山）古墳出土獣帯鏡（魚佩付着）

いて盛んに製作されたこととともに、中国・朝鮮そして倭国の近江と東国を結ぶ、東アジア規模の交流を背景とすることが推測される。また二面の獣帯鏡は直径二一・四センチ～二三センチの同型鏡で、一面の鏡面には鉄錆とともに、金銅製双魚佩《そうぎょはい》金具が付着している。双魚佩は頭部と尾鰭《おびれ》の一部が残るだけであるが、長さ一三・六センチ前後で、鴨稲荷山古墳例や藤ノ木古墳2Aとほぼ同サイズとみられる。双魚佩を副葬する古墳は、いずれも前方後円墳か大型円墳で、近畿の例では家形石棺を埋置するなど、大王墓ないし有力首長墓とみられる墳墓である。こうした甲山・円山両古墳の埋葬施設や副葬品は、野洲の首長の勢力を示すと同時に、その幅広い活動と継体天皇＝大和政権との浅からぬつながりを示唆するものといえよう（大橋信弥「獣帯鏡がつなぐもの―武寧王陵・三上山下古墳・綿貫観音山古墳―」『古代豪族と渡来人』吉川弘文館、二〇〇四年）。

5　継体の進出と和邇氏

また継体擁立勢力として意外に大きな位置を占めるのが、葛城《かつらぎ》氏と並んで大和政権の中枢において重要な地位を維持していた、和邇《わに》氏の役割である。和邇氏と継体の密接な関係を示すものとしては、第一に継体妃の存在が指摘できる。すなわち『書紀』は、継体妃として和珥臣河内《わにのおみかふち》の女《むすめ》荑媛《はえひめ》の名を挙げているが、継体にとっては唯一の有力な中央豪族出身の妃であり、無視できないところである。大和政権中枢にパイプをもたない継体にとって、和邇氏の存在は重要な位置を占めていたと考える。また、継体が近畿中枢に進出するにあたって、重要な拠点となったのは南山城の地であった。すなわち、継体が越前三国から上京し、即位したのが、河内の樟葉《くずは》宮(大阪府枚方市交野《かたの》付近)であるし、継体五年十月に遷宮したのが山背《やましろ》の筒城《つづき》宮(京都府京田辺市付近)で、同十二年に遷ったのが、山背の弟国《おとくに》(京都府長岡京市乙訓寺付近)であって、継体の近畿中枢への進出の基点であった。そしてこの地域は、和邇氏にとっても重要な勢力圏でもあった。

すなわち、それを端的に示すのが、『古事記』開化天皇段にみえる「日子坐《ひこいます》王系譜」である。日子坐王は、開化天皇と丸迩臣《わにのおみ》之祖、日子国意祁都命《ひこくにおけつのみこと》之妹、意祁都比売命との間に生まれた皇子であり、四人の妃との間に多数の皇子女をもうけている。意祁都比売命の妹袁祁都比売《をけつひめ》命との間には、山代之大筒木真若《おおつつきまわか》王など三子が、春日建国勝戸売《かすがのたけくにかつとめ》の女沙本之大闇見戸売《さほのおおくらみとめ》との間に、沙本毘古《さほひこ》王など四子が、山代之荏名津《えなつ》比売との間に、大俣王など三子をもうけている。これら「日子坐王系譜」にみえる妃とその皇子女たちは、和邇氏とかかわり、また山城南部と大和東北部の地名をその名に含んでおり、両者の密接な関係を示している(黒澤幸三『日本古代伝承史の研究』塙書房、一九七五年)。継体が直接大和の中枢部に入らず、南山城にしばらくとどまったのは、大和内部にそれを阻害する勢力が存在したこともあるが、和邇氏の勢力を背景に、大和への進出を窺っていたと考えられるのではなかろうか。そして継体と和邇氏の親密な関係を裏付けるのが、角山君・小野臣・近淡海国造・栗田臣など和邇系氏族の分布とその性格・役割である。これら和邇系の諸氏は、すべて山城東北部から、琵琶湖の西岸を経て、越前・若狭へのびるルート上の要衝の地を占め、和邇氏の重要な基盤をなしていた。そしてそれは同時に、継体の拠点とその近畿中枢への進出ルートと重なるのである。これらの諸氏が継体の擁立にかかわったことを示す資料はないが、諸氏の本拠が継体の近江における拠点である高島三尾を取り囲むように分布していることは、消極的ながらそれを裏付けるといえる（大橋信弥「近江における和邇系氏族の研究」『日本古代の王権と氏族』前掲）。

そして、和邇氏とともに、『書紀』に継体擁立を主導したとみえる大伴氏、継体の妃に娘関媛を出した北河内の豪族茨田連小望のように、近畿の有力豪族の存在も無視できない。ただ近畿の有力豪族と継体の連携時期については、『記紀』のいうように、武烈の死後、王統の断絶が明らかになり、「継《み》嗣《つぎ》絶《た》ゆべし」という緊急事態の中で、初めて継体の存在が明らかになるという展開では、手白香皇女との結婚と同様に、継体の即位ないしは大和への進出以降ということになるであろう。しかしながら、『記紀』の所伝は、あくまでも継体の即位事情を、ドラマチックにしかもスムースになされたように構成する、物語的趣向と関わるものであり、実際のところ継体は成人するとともに、近江・美濃・尾張そして東国と、各地の有力豪族との提携を進めるとともに、大和政権内部の有力豪族との連携を画策し、また実行していたと考える。このことを具体的に裏付けるのが、和歌山県橋本市隅《す》田《だ》八幡神社に伝来する人物画像鏡（図46、一六九頁）の銘文である。

6　継体の即位事情

人物画像鏡の銘文の釈読・解釈については、長い研究史があり、問題も少なくないが、福山敏男説（「江田発掘太刀及び隅田八幡神社鏡の製作年代について」『考古学雑誌』二四—一、一九三四年）を継承した、山尾幸久・平野邦雄氏の理解が妥当と考える（平野邦雄「継体朝の諸問題」『大化前代政治過程の研究』吉川弘文館、一九八五年、山尾幸久『日本古代王権形成史論』岩波書店、一九八三年）。それによると、「癸《みずのと》未《ひつじ》の年八月、日十《をし》大王の年、孚弟王《ほどおう》、意柴沙加宮《おしさかのみや》に在《いま》す時、斯麻《しま》、長く奉《つか》えんと念《おも》い、□中費直《ちゅうこほりちか》・濊人《わいじん》、今州利《こむつり》二人の尊《そん》を遣わし、同（銅）二百桿《かん》を上《すす》め、此の鏡を作る所なり」と訓読されており、両氏はこの癸未の年を五〇三年とし、日十大王をヲシ大王と訓んで、『書紀』がその名を「大石《おおいし》」「大《おお》脚《し》」とする仁賢天皇のこととし、孚弟王をフト王あるいはホド王と訓じ、「袁本杼《おほど》」「彦太《ひこふと》」とある継体天皇に比定する。

そして斯麻については、一九七一年七月に韓国公州市で発見された、第二五代百済王、武寧王の陵墓に副葬されていた墓誌に「斯麻王」とあり（『武寧王陵』大韓民国文化財管理局、一九七四年、日本語版）、武寧王の実名と考えられる。事実『書紀』武烈天皇四年是歳条には、「是歳（五〇一年）、百済の末多王《まつたおう》、無道《あぢきなく》して、百姓《たみ》に暴虐《しひわざ》す。国人、遂に除《す》てて、嶋王《せまきし》を立つ」とあり、またその分注に、『百済新撰』を引用し、「末多王、無道して、百姓に暴虐す。国人、遂に徐つ、武寧王立つ。諱《いみな》は斯麻王といふ。是れ昆支王子《こんきせしむ》の子なり。則ち末多王が異母兄なり。昆支倭に向《まう》づ。時に、筑紫嶋に至りて、斯麻王を生む。嶋より還《かえ》し送りて、京に至らずして、嶋に産《うま》る。故因《かれ》りて名《なづ》く。今各羅《かくら》の海中に主嶋《にりむせま》有り。王の産れし嶋なり。故、百済人、号《なづ》けて主嶋とすといふ。今案《かむが》ふるに、嶋王は是蓋鹵王《がいろおう》の子なり。末多王は、是昆支王の子なり。此を異母兄と曰ふは、未だ詳《つまびらか》ならず」とあるのである。

そしてそうした場合、銘文の内容は、武寧王が即位した翌年にあたる癸未の年（五〇三）の、ヲシ大王（仁賢天皇）の治世に、百済王斯麻が、大和の忍坂《おしさか》（意柴沙加宮）にいた、孚弟王《ほどおう》＝継体に長く奉仕することを念じ、この鏡を作り贈ったというのが大意となる。即位したばかりの武寧王が友好のしるしとして鏡を贈っていることから、当時の倭済両国の緊密な同盟関係が推測されるが、それと同時に継体が、すでに仁賢天皇在位中の五〇三年に、大和の忍坂に拠点を構え、大王の後継者然として、対百済外交を担当していることから、この時点にはすでに継体は大和政権の中枢部に進出を果たし、仁賢天皇の後継者として認知されていた可能性が高くなる。かかる解釈が可能ならば、継体と和邇氏ら近畿の豪族との連携も、五〇三年以前に遡る可能性が大となり、『記紀』が揃って記載する雄略末年から継体即位に至る記述への疑惑をさらに深める。それでは雄略没後の政局はどのように理解できるのであろうか。

『記紀』は雄略の死後、清寧が即位したとするが、その治世は短く、具体的な記述もなく、夭折したとみられる。『古事記』の場合は、大半の記述を清寧死後の、顕宗・仁賢の二王の発見物語に費やしている。顕宗・仁賢の流離と発見の物語に、詳しくふれる余裕はないが、先に指摘したように、記述には、不自然な点も多く、二王の系譜的位置についても、いくつかの異伝があって、その即位を正当化するため、かなり手の込んだ作為のなされていることが推測される。七世紀以降の天皇家にとって実質的な始祖とも言える欽明天皇の母は、仁賢天皇の娘手白香皇女であり、顕宗・仁賢の即位を正当化し、明確にすることは、欽明天皇の出自を釈明する上で必須のことであったと考えられる。顕宗・仁賢の手の込んだ発見物語は、こうした事情によるものとみられる。ただ、雄略の没後、傍系の「王族」であった二王が擁立され即位したことは、欽明の母の存在や先に見た隅田八幡神社所蔵人物画像鏡の銘文の記載から否定できないところであろう。

いっぽう継体の出現についても、先にみたように武烈の死後とする記述には、作為の跡が著しく、成人後着実にその勢力を越前・近江から美濃・尾張、さらに東国一帯へ拡大し、おそらく大和政権の有力豪族和邇氏のバックアップもあり、近畿中枢への進出も、意外に早くすすめていた可能性が高い。そして隅田八幡神社所蔵人物画像鏡の銘文についての先の理解が認められるなら、五〇三年の仁賢天皇の治世には、次期大王として大和の忍坂に宮を構え、即位直後の百済武寧王との外交に関与しているのであり、両王統の並存と融合が推測されるのではなかろうか。

ここからは史料に基づき、具体的に明らかにできないが、おそらく雄略没後、王統が断絶する危機が顕在化し、傍系の「王族」の中から、葛城氏を中心とする勢力により擁立された顕宗・仁賢と、和邇氏を中心とする勢力により擁立された継体が有力化し、二つの王統が対峙する展開になったのではなかろうか。それが武力衝突を伴うものであったかどうかは判然としないが、そうした中、まず顕宗・仁賢が即位し、そのあと継体が即位することで妥協がなされたのであろう。隅田八幡神社所蔵人物画像鏡の銘文にみえる政局の一端は、かかる憶測を裏付けると考える。しかしこの両王統の平和共存が持続した可能性は少ない。『書紀』が継体のヤマト進出について、多くの困難があったように記述している点は、再び両王統の間に抜き差しならない対立が生起し、継体の即位が反古《ほご》となったことを示しているのではなかろうか。ただその間の事情を窺うデータは皆無であって、比較的長い並立状態が続いた後、両王統の間でいま一度妥協がなり、継体の即位が実現したと考える。このことは継体と仁賢の娘手白香皇女の婚姻だけでなく、安閑と仁賢の娘春日山田皇女、宣化と仁賢の娘橘仲皇女《たちばなのなかつひめみこ》との婚姻にみられるように、両王統の統合が重複していることから、その一端が窺えるであろう。王権の分裂はそれが深刻になればなるほど、大きな政治的・社会的危機に発展する可能性が大きいのは当然であり、共倒れになる一歩手前で妥結したのではなかろうか。

おわりに

こうした危機を脱した王権にとって、この間の王権分裂の余波は、さらに尾を引くことになる。すなわち継体末年には、北部九州において筑紫君磐井《つくしのきみいわい》を中心とする一大内乱が生起し、近江臣毛野《おうみのきみけぬ》を将軍とする新羅《しらぎ》派遣軍の渡海を阻止する事態となった（大橋信弥「磐井の乱からみた古墳時代の戦乱」滋賀県立安土城考古博物館平成十一年春季特別展図録『寧処《ねいしょ》に遑《いとま》あらず』一九九九年）。こうした事態について、『古事記』は継体天皇段の文末に、次のような簡潔な記述を載せている。

此之御世に、竺紫君石井《つくしのきみいはゐ》、天皇之命《みこと》に従は不《ず》而《て》、礼《ゐや》无《な》きコト多《まね》くありき。故《かれ》、物部荒甲之大連《もののべのあらかひのおほむらじ》、大伴之金村連《おほとものかなむら》二人を遣し而、石井を殺さしメたまひき。天皇ノ御年、肆拾參歳《よそぢまりみとせ》。〈丁未ノ年ノ四月ノ九日に崩《かむあが》りましき。〉御陵《みささぎ》者《は》、三嶋之藍《みしまのあゐ》ノ御陵なり。

継体天皇の末年、筑紫君磐井の乱が鎮圧されてほどなく、天皇が亡くなり、その墓は摂津の三島に営まれたことを述べている。継体の治世はその晩年の異常事態が象徴するように、その即位の後も波乱万丈の年月であった。『書紀』継体天皇二五年（辛亥五三一）二月七日条には「丁未《ひのとひつじのひ》に、天皇、磐余《いわれ》玉穂宮に崩《かむあが》りしぬ。時に年八十二」とあり、同年冬十二月五日条には、「丙申《ひのえさる》の朔《ついたちのえねのかひ》庚子に、藍《あい》野陵《のみささぎ》に葬《はぶ》りまつる。〈或本《あるふみ》に云はく、天皇、廿八年歳次甲寅《ほしきのえとらにのやどるひ》に崩りましぬといふ。而るに此に、

図19　岩戸山古墳と石人・石馬

廿五年歳次《ほし》辛亥《かのとのゐ》に崩りましぬと云へるは、百済本記《くだらほんき》を取りて文《ふみ》を為《つく》れるなり。其の文に云へらく。大歳辛亥《かのとゐのとし》の三月に、軍《いくさ》進みて安羅に至りて、乞乇城《こつとくのさし》を営《つく》る。是の月に、高麗《こま》、其の王安《あん》を弑《ころ》す。又聞く、日本《やまと》の天皇及び太子《ひつぎのみこ》・皇子、倶《とも》に崩薨《かむさ》りましぬといへり。此《これ》に由りて言へば、辛亥の歳は、廿五年に當る。後に勘校《かむが》へむ者、知らむ〉」とする記述がある。その年齢を四三歳とする『古事記』に対し、『書紀』は八二歳とするなど違いもあるが、『書紀』がその没年を確定する根拠とした『百済本記』が「又聞く、日本の天皇及び太子・皇子、倶に崩薨りましぬといへり」といった異常な事態を書いていることは、無視できない。このことについても深入りする余裕はないが、朝鮮半島情勢の流動化に連動して大和政権内部において、継体と太子・皇子が同時に亡くなるという、重大な事変が勃発したらしく、王位をめぐるクーデタの可能性が推測される。そしてこの後、欽明朝と安閑・宣化朝の二朝並立の状態が生じたとする学説が有力なように、再び王権をめぐる対立と分裂が生起したと見られる(大橋信弥「継体・欽明朝の『内乱』」『古代を考える　継体・欽明朝と仏教伝来』吉川弘文館、一九九九年)。これも雄略没後以来の、大和政権内部の王権分裂が底流として大きな流れとなっていたことを、裏付けるものといえよう。とはいえこうした分裂を蘇我氏と共に克服した欽明天皇により、律令国家への道が切り開かれることになるのである。

　それでは継体の墓はどうして摂津の三島に築造されることになったのであろうか。それまでの大王の墓はすべて大和ないし河内に築造されているのである。そして三島には、今城塚《いましろつか》古墳のほか現在継体天皇陵に比定されている太田茶臼山古墳の二つの巨大前方後円墳が所在している（高槻市教育委員会『継体天皇と今城塚古墳』吉川弘文館、一九九七年）。

太田茶臼山古墳は段丘上に立地し、前方部を南東に向ける前方後円墳で、全長二二六メートル《メートル》、高さ二〇メートル《メートル》を測る。墳丘は三段築成で、左右のくびれ部に造出をもつ。周濠が巡り、後円部の周濠外側で円筒埴輪列が検出されている。北摂地域最大の大型前方後円墳で、出土埴輪については高槻市新池埴輪窯で焼かれたことが明らかになっている。円筒埴輪を始め、人物埴輪・馬形埴輪・須恵器器台などが出

図20　太田茶臼山古墳　全景と墳丘測量図

土しており、五世紀前半から中ごろのものとみられている。したがって被葬者は継体その人ではなく、その祖父か曽祖父の世代に当たることが指摘されている。

今城塚古墳は太田茶臼山古墳の一・五キロ東の淀川北岸に所在する巨大前方後円墳で、全長一八六メートル、濠を含めた長さは三五〇メートル近くにも及ぶ。段丘平坦面に立地し、二重の濠が巡っている。前方部は北西方向に開く。円筒埴輪、家形埴輪、挂甲《けいこう》武人埴輪など新池埴輪窯産の製品が多数出土し、また墳丘上から熊本県宇土半島産の阿蘇溶結凝灰岩など三種類の家形石棺の破片が出土している。これらの年代観から、六世紀前半に築造されたことが明らかとなり、継体天皇の真の陵墓である可能性が強まっている。

そして、平成一三・一四年度の調査では、国内最大規模とされる埴輪祭祀区の全容が明らかになった。遺構は古墳の北側のくびれ部にある造出に対応する内提に設けられたもので、外堀に向かって張り出す東西六五メートル、南北六メートルのステージに、大量の人物埴輪、動物埴輪、家形埴輪などの器材埴輪が、円筒埴輪・柵形埴輪で区画された五つのブロックに整然と配置され、被葬者の生前における大きな勢威を再現している。こうした埴輪祭祀区は、これまで関東地方を中心に発見され、研究もなされてきたが、近畿の大王級の古墳からそのモデルとなるような遺構が発見されたことにより、その実態や性格の解明がすすむものと見られる。これも今城塚古墳が継体天皇の墓であることを裏付けるものであろう（森田克行「王権を飾る埴輪の舞台―最大規模の大阪・今城塚古墳の世界―」『朝日新聞』関西版　平成一五年一月一九日号、ＮＨＫ大阪「今城塚古墳」プロジェクト『ＮＨＫスペシャル　大王陵発掘！　巨大埴輪と継体天皇の謎』日本放送出版協会、二〇〇四年）。

また平成十六年度調査では、後円部において、埋葬施設に伴うとみられる排水施設が発見され、ついに平成一九年一月には、後円部中央の北側で、横穴式石室の基礎とみられる石組み遺構が発見された。石組み遺

図21　今城塚古墳　空中写真と墳丘測量図

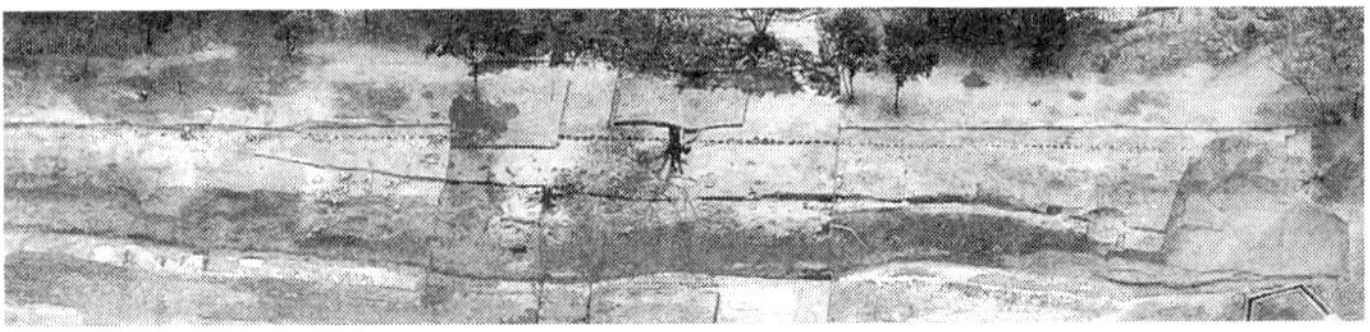

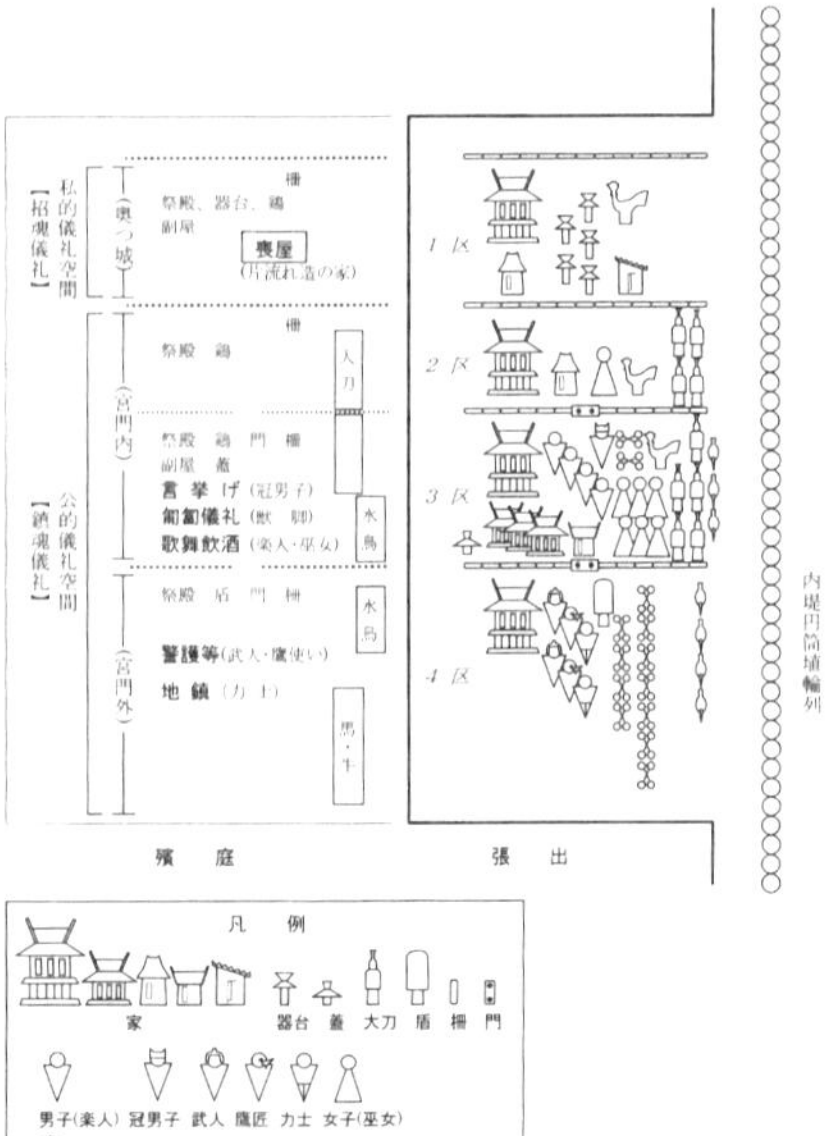

図22 今城塚古墳の埴輪祭祀区北上空（上）・北側（中）から見た遺構と復元図（下）

構は、一五九六年の伏見大地震により、北側約四メートル下部へ滑落した状態で見つかり、本来は墳丘の二段目上面に構築されたとみられ、三段目の墳丘を復元すると、その高さは一八メートルを超える規模をもつことが明らかになった。そしてその高度な石室構築技術は、継体天皇のもつ独自な権力基盤を窺わせるものとして、注目されている（平成一九年三月二日付け新聞各紙の報道による）。

　摂津三島に継体の墓が造られ、少なくとも五世紀中ごろと六世紀前半に二基の巨大前方後円墳が所在することは、この地が大王家に繋がる有力な「王族」の本拠地であることを示すとともに、継体一族の本拠が、三島の地であったことを示している。これはひとつの憶測であるが、今城塚古墳が継体の墓とするなら、太田茶臼山古墳はその父彦主人王の墓と考えることはできないであろうか。『記紀』の年齢記載に、どれほど信がおけるか不安であるが、継体は『書紀』によると、五三一年（継体二五）に八二歳でなくなったとあり、その即位は五〇七年、五七歳の時で、生年は四四九年、允恭天皇の三八年ということになる。継体の子安閑・宣化は、それぞれ五三五年と五三九年に七〇歳と七三歳で亡くなったとあり、その生年は四六五年、四六六年で、雄略一一・一二年となる。いずれも長命とする伝えがあったものとみられる。これらは必ずしも根拠のあることではないが、こうした世代認識で父彦主人王の没年を推測するなら、仮に継体の一〇歳ころに亡くなったとするなら、四五九年、雄略五年となり、継体と父彦主人王の没年は、おおよそ七〇年を隔てることになる。これを三島の二大前方後円墳の年代観と照らし合わすなら、二つの王墓を継体とその父のものとすることも、まったく不可

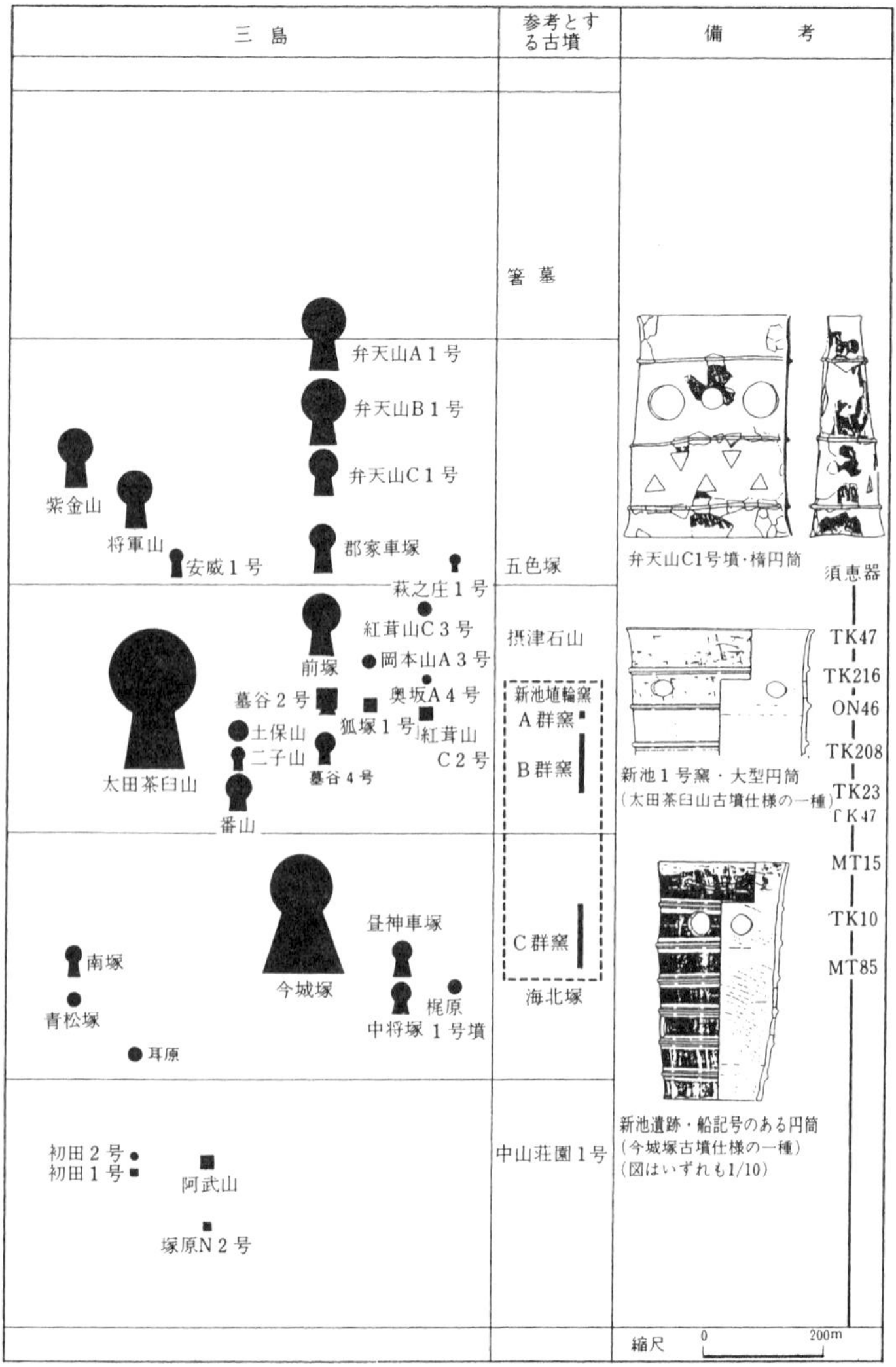

図23　三島地域の古墳編年図

能ではないと考えられる。このように憶測した場合、継体天皇の勢力拡大が、その一代でなされたのではなく、その父の時代にあっても、大王に比肩する実力を保持していたことになり、継体をめぐる政治状況を考えるうえで、異なる視角を提供するものではなかろうか。

二　継体天皇と近江・越前―三尾氏と三国氏をめぐって―

はじめに

『古事記』武烈天皇段には、「天皇既に崩《かむあが》りましぬ。日続《ひつぎ》知らす可《べ》き王無し。故《かれ》、品太《ほむだ》天皇五世之孫、袁本杼命《おほどのみこと》、近淡海国《ちかつあふみのくに》自《よ》り、上《のぼ》り坐《ま》さ令《し》メ而《て》、手白髪命於《たしらかのみことに》合せまつりて、天下《あめのした》を授ケ奉《まつ》りき」とあり、武烈天皇の死後、天皇に子が無く、王統を継ぐ親族もなかったので、応神天皇の五世孫を称する継体が、近江から迎えられ、仁賢天皇の皇女手白髪命と結婚して王位についたことが、記されている。

継体の即位について『古事記』は、このように応神の後裔と称する継体が、「畿外」の近江より迎えられ、武烈の妹の手白髪命と結婚して即位したとしているが、『書紀』は、武烈の崩後、大連《おおむらじ》の大《おお》伴金村《とものかなむら》が群臣に議して、後継者を求め、まず仲哀天皇の五世孫とする倭彦王《やまとひこのおおきみ》を迎えようとしたが失敗、改めて越前三国にあった、継体を迎えようとしたことを記している。ところが継体は、再三の要請を固辞したため、いっこうに王位が定まらなかったが、ようやく旧知の河内馬飼首《かわちうまかいのおびと》荒籠《あらこ》の説得により、樟葉宮《くすはのみや》において即位したことを記している。

このように『記紀』は、王位継承や王統譜について、必要以上に慎重な立場をとっているにもかかわらず、雄略没後の二度にわたる王統の断絶と「畿外」の播磨や、近江・越前に本拠をおく傍系の「王族」の擁立を記述しており、この時期の大和政権が、大きな危機にあったことを示している。

継体の出自について『古事記』は、「品太天皇の五世孫」とするだけで、父母の名さえ伝えていないし、『書紀』はわずかに、父彦主人王《ひこうし》が「近江国の高嶋郡の三尾の別業」にいた時に、美しいとの評判であった越前三国《みくに》の坂中井《さかない》出身の振媛《ふるひめ》を妻に迎えたことを記しているが、応神から彦主人王までの三代の系譜は判明しない。ところが『釈日本紀』が引用する『上宮記一云《じょうぐうきいちいう》』に、応神から継体に到る系譜が記載され、それが『古事記』応神天皇段にみえる「若野毛二俣王《わかぬけふたまた》系譜」に対応することも判明する。この「上宮記」という書物については、書名から聖徳太子の伝記のひとつと考えられるが、その用字法などから、『記紀』より以前に成書化されたことが指摘されており（黛弘道「継体天皇の系譜について」前掲）、系譜の信憑性を高めている。ただし、ここからただちに応神五世孫という所伝を史実とすることは出来ない。

『書紀』は、父の彦主人王が近江高島の三尾別業に、越前三国から振媛を妻に迎え、継体の生まれたことを記したあと、継体の幼いうちに彦主人王が亡くなり、将来に不安を抱いた振媛は、継体を伴って故郷の越前三国の高向《たかむこ》にもどり、継体を育てたことを記している。『古事記』は、近江出身のように記しているが、継体が近江で出生したことに重点をおいて記述した結果とも考えられよう（なお後述）。また近江退去後も高島の三尾に拠点を維持していたことを示唆しているのかも知れない。なお『上宮記』の逸文にも、『書紀』と同様の所伝があり、継体が近江高島で出生し、越前三国で成長したことは、かなり有力な所伝であったと考えられる。

また継体の后妃については、『古事記』に七人、『書紀』に九人の記載があるが、その記載方法や順序をみてみると、三尾君氏出身の妃が二人みえ、その若比売《わかひめ》は『古事記』の筆頭に記載され、『書紀』においても、仁賢皇女で欽明を生んだ手白香皇女、「元妃」と明記され安閑・宣化を生んだ目子媛《めのこ》に次いで三番目に記載されており、若比売が継体の最初の正妃であったことを示唆する。また若比売の皇子女の中に大郎子がみえ、もう一人の三尾君氏出身の妃倭比売《やまとひめ》の子に、大郎女がみえており、大郎子・大郎女が、皇子女中の第一子の名にふさわしいところから、二人が継体の最も早く入内した妃であることを推測させる。そして倭比売が生んだ二男二女のうち、第二子の椀子《まろこ》皇子は、『書紀』に、越前三国を本拠とする三国公《みくにのきみ》の始祖と明記されており、越前三国で成長した継体が、最初の妃として、三尾君氏から若比売・倭比売の二人を迎えたことを示唆すると同時に、近江高島と越前の密接なつながりが推測される。ところがこの三尾君氏については、越前の豪族とする見解と近江高島とする見解があり、継体の即位事情や擁立勢力のあり方を考える上で、また継体天皇と越前・近江の問題を考える上で、重要な問題を提起している（大橋信弥「三尾君氏をめぐる問題—継体擁立勢力の研究—」前掲）。

1　三尾氏の出身地と勢力―地名「三尾」の検討―

米沢康氏は、近江高島で三尾氏の居住が確認されないことから、高島本拠説が必ずしも鉄案ではないとしたうえで、①近江国高島郡だけでなく、越前国坂井郡にも、水尾郷の存在が確認され、『延喜式』兵部省にみえる三尾駅や坂井郡内に「三保大明神」と呼ばれる神社のあること。②三尾氏の出自系譜と越前出身とされる継体の母振媛の父祖系譜が一致するだけでなく、加賀・能登の有力豪族である羽咋国造・加我国造の祖が三尾氏と同祖を主張しており、越前とかかわりが深いこと。③したがって、三尾氏の本拠は越前国坂井郡であって、三尾氏こそ、振媛の出自氏族であるとされた（米沢康「三尾氏に関する一考察」『北陸古代の政治と社会』法政大学出版局、一九八九年）。

同じような視点から山尾幸久氏も、三尾氏の本拠が越前国坂井郡である可能性が高いとされるが、近江国高島郡にも三尾駅をはじめ三尾崎、三尾神社など、三尾を冠する地名が顕著であるところから、三尾氏が五世紀後半ごろ（継体の誕生以前）に、越前から近江に本貫地を移したとされた（山尾幸久『日本古代王権形成史論』前掲）。三尾氏＝越前本拠説は、通説の弱点をついたものであり、注目されるが、史料的には近江高島説と同じ弱点をもっている。

水谷千秋氏は越前坂井郡の郡領氏族と郡内における氏族分布を調査して、そこに三尾氏の居住が全

出身・身分	記　　事	年
垂仁皇子	三尾君之祖，母は山代大国之淵の女，弟刈田刀弁	
垂仁皇子	三尾君之始祖，母は山背大国不遅之女，綺戸邊	
	景行妃水歯郎媛の父	
景行妃	五百野皇女を生む	
継体妃	三尾君等祖，大郎子と出雲郎女を生む	
	継体妃雅子媛の兄	
継体妃	三尾角折君の妹，大郎皇子と出雲皇女を生む	
	継体妃倭比売の兄	
継体妃	三尾君加多夫の妹，大郎女ら四人を生む	
	継体妃倭媛の兄	
継体妃	三尾君堅威の妹，大娘子皇女ら四人を生む	
摂津国嶋上郡高於郷戸主	「西南角領解」	757
山背国久西郡那紀里戸主	「東大寺奴卑帳」	749
左京八条二坊人	「大唐内典録巻十奥書」	755
校生	「写経検定帳」	749
経師	「千手千眼并新索薬師経書上帳」	758
史生	「土師男成銭用文」	760
校生	「四十五部法花経校帳」	760
経師	「写経所経師以下上日帳」	754
経師	「東大寺奉写一切経所解」	761
	「塙坂宅解」	763
	荷札（『平城宮出土木簡概報』23）	8世紀
	家足の墾田を川上庄に施入	1068
前高島郡少領	藤原仲麻呂を自宅に泊める	764
高島郡人	荷札（『平城宮木簡一』）	8世紀
高島郡川上里人	荷札（『平城宮出土木簡概報』19）	8世紀
高島里	荷札（『平城宮出土木簡概報』19）	8世紀
高島郡高島里戸主	『百済女王度者貢進解」	745
高島郡高島里戸口　十七歳	『百済女王度者貢進解」	745
高□里	荷札（『平城宮出土木簡概報』19）	8世紀
高島郡善積里？	荷札（『平城宮出土木簡概報』19）	8世紀
高島郡□原里人	荷札（『平城宮出土木簡概報』19）	8世紀
大処里□□	荷札（『平城宮出土木簡概報』19）	8世紀
高島郡	荷札（『長岡京木簡一』）	8世紀
（高島郡）	付札（『木簡研究』第七号）	8世紀
（高島郡）	付札（『木簡研究』第七号）	8世紀
（高島郡）	『上御殿遺跡　鴨川補助基幹幹線改修発掘調査報告書Ⅲ』	8世紀末

表2　近江国高島郡古代人名一覧

番号	氏　　名	出　　典	年　　紀
1	石衝別王	『古事記』	垂仁天皇段
2	磐衝別命	『日本書紀』	垂仁34. 3. 2
3	三尾氏磐城別	『日本書紀』	景行 4. 2.11
4	水歯郎媛	『日本書紀』	景行 4. 2.11
5	若比売	『古事記』	継体天皇段
6	三尾角折君	『日本書紀』	継体元. 3.14
7	稚子媛	『日本書紀』	継体元. 3.14
8	三尾君加多夫	『古事記』	継体天皇段
9	倭比売	『古事記』	継体天皇段
10	三尾君堅威	『日本書紀』	継体元. 3.14
11	倭媛	『日本書紀』	継体元. 3.14
12	三尾君麻呂	『正倉院文書』	天平勝宝 9. 4. 7
13	水尾君真熊	『正倉院文書』	天平勝宝 3.11. 3
14	三尾浄麻呂	『正倉院文書』	天平勝宝 7. 7.23
15	三尾東人	『正倉院文書』	天平勝宝元. 6. 7
16	三尾子牛甘	『正倉院文書』	天平宝字 2. 7. 7
17	三尾隅足	『正倉院文書』	天平宝字 4. 6.15
18	三尾人成	『正倉院文書』	天平宝字 4. 2.21
19	三尾張阿古万呂	『正倉院文書』	天平勝宝 6. 8.
20	三尾　工	『正倉院文書』	天平宝字 5. 4.24
21	三尾公恵□	『正倉院文書』	天平宝字 7. 4.16
22	(水尾臣) □万呂	『長屋王家木簡』	
23	角山君家足	『平安遺文』	治暦 4. 3.29
24	角家足	『続日本紀』	天平宝字 8. 9.18
25	道守□□万呂	『平城宮木簡』	
26	丸部臣安麻呂	『長屋王家木簡』	
27	出雲臣　□	『平城宮木簡』	
28	川直　鎧	『正倉院文書』	天平17. 9.21
29	川直　吉麻呂	『正倉院文書』	天平17. 9.21
30	額田直色夫知	『平城宮木簡』	
31	但波史□万呂	『平城宮木簡』	
32	穴太部□□万呂	『平城宮木簡』	
33	□□□ [穴太部]	『平城宮木簡』	
34	穴太秋□□	『長岡京木簡』	
35	秦広嶋	『永田遺跡出土木簡』	
36	秦倉人酒公	『永田遺跡出土木簡』	
37	守君舩人	『上御殿遺跡墨書土器』	

くみられないことを指摘するとともに、「三尾」という地名の分布・性格を検討して、地名のみで氏族の居住を推測することに疑義がはさまれた。そして継体にかかわる所伝に登場する「三尾」がまさしく近江高島のそれである点から、三尾氏の本拠としては、近江高島説をあらためて主張されている。ところが「上宮記」逸文にみえる継体の母振媛の出自系譜については、米沢氏の見解を継承して、これを三尾氏の系譜であるとし、当然振媛の出自も近江高島の豪族三尾氏にほかならないとされている（水谷千秋「三尾氏の系譜と伝承」『竜谷史壇』九七、一九九一年。のち『継体天皇と古代の王権』和泉書院、一九九九年に収録）。水谷氏による三尾君氏の本拠を近江高島とする論旨は説得力のあるものと考えられるが、そのうえで振媛の出自を三尾君氏とし、高島説を補強しようとされた点については、後述するように考証に無理があり、承服することはできない。

私は、三尾君氏の本拠を越前坂井とする見解は重要な問題提起と考えるが、その論拠は、意外に弱いものと考える。その点で取り上げたいのは、「三尾」という地名の定着度である。周知のように近江高島の三尾の地名については、いくつかの文献により確認できる。すなわち「上宮記一云」にみえる「弥乎国高嶋宮」、継体紀の「近江国高嶋郡三尾別業」をはじめとして、壬申紀に大海人皇子軍により陥落したとある「三尾城」、『続日本紀』天平宝字八（七六四）年九月条に、藤原仲麻呂の乱にかかわってみえる「高島郡三尾崎」、『万葉集』に散見される「三尾が崎」「高島の三尾の勝野」、『延喜式』兵部省の近江国駅馬にみえる「三尾」、『延喜式』神名上の近江国高嶋郡にみえる「水尾神社二座」、そして『和名類聚抄』の近江国高島郡にみえる「三尾」郷と、さまざまな性格の、しかも年代も比較的幅広く諸文献にみえている。これに対し、越前国坂井郡の「三尾」の場合は、天平五年の「山背国愛宕郡計帳」にみえる「越前国坂井郡水尾郷」が、『和名類聚抄』の郷名としては全くみえないこと、『延喜式』兵部省の越前国駅馬にみえる「三尾」駅が、天平神護二（七六六）年十月二十一日付の「越前国司解」では「桑原駅家」とあることから、やや流動的で定着度が弱いように考えられる。このように、近江高島と越前坂井の地名「三尾」のあり方を比較した結果、地名の定着度、安定度からみて、近江高島のそれがより高いことが明らかになった。そしてなによりも、継体の所伝にかかわる三尾が、近江のそれにほかならない点も考慮するなら、やはり三尾氏の本拠は近江高島であった可能性が高いのではなかろうか（大橋信弥「三尾君氏をめぐる問題―継体擁立勢力の研究―」前掲）。

ところで表2は、九世紀以前の近江国高島郡の古代人名を集成したものである。いちおう三尾氏に関わる人名も列挙しているが、確実に近江高島に居住が確認できる人物はなく、京内・摂津・山背での居住が判明するに過ぎない。高嶋郡内の居住氏族で、有力とみられるのは、前高嶋郡少領として見える角山君《つのやまのきみ》氏で、その本拠は、角河（石田川）流域の、後の角野郷とみられる。高島郡人と見える道《みち》守《もり》□（臣）氏や丸部臣《わにべのおみ》・出雲臣氏なども、臣のカバネを持っており、有力であったと見られるが、その実態は明らかでない。

角山臣氏は、『古事記』孝昭天皇段にみえる「和邇《わに》氏同祖系譜」に、孝昭の第一子天押帯日子命《あめのおしたらしひこのみこと》の後裔とある十六子の中に、湖西に本拠をもつ豪族、都怒山臣《つぬやまのおみ》（角山君）・小野臣・近淡海国造《ちかつおうみのくにのみやつこ》の三氏がみえており、この地域が和邇氏の有力な勢力圏であったことを示している（大橋信弥「近江における和邇系氏族の研究」『日本古代の王権と氏族』前掲）。したがって川上里人として見える丸部臣氏も、角山君氏の一族であった可能性が高い。天平年間に前高島郡少領としてみえる角山君家足は、藤原仲麻呂ともかかわりをもつ郡領級の有力な豪族であり、やや時代は下るが、『日本三代実録』貞観五年（八六三）正月辛未条に角山公成子が外従五位下《げじゅごいのげ》に叙せられたことがみえるが、成子は、ほかの女官たちと同じように、もともと采女《うねめ》として出仕し、後に登用され女官となったとみられる。采女は奈良時代において、郡領氏族から貢進され、内廷において天皇に奉仕した郡司の姉妹や娘たちであり、角山臣氏が、高島郡の郡領氏族として、その後も勢力を維持していたことを示している（大橋信弥「佐々貴山君の系譜と伝承」『古代豪族と渡来人』吉川弘文館、二〇〇四年）。

そして角山君氏が本拠としていた石田川流域は、高島郡の中心部からやや北よりの地域ではあるが、郡内における水陸交通の要衝をなしている。すなわち湖西を北上する北陸道は、現在の高島市（旧今津町）弘川付近で若狭街道を分岐しており、近江と越前・若狭の接点という位置にあるし、北に海津《かいづ》、南に木津《こうつ》と琵琶湖の良港をひかえ、湖上交通の要衝でもあった。そして若狭には三方郡竹田郷に丸部里が、同郡に武内和邇部《わにべ》神社もあるように、和邇氏の重要な拠点であった。越前・加賀にも丸部臣・丸部・和邇部が広く分布しており、角山君が和邇氏同族の中で重視されたのは、和邇氏の越前・若狭

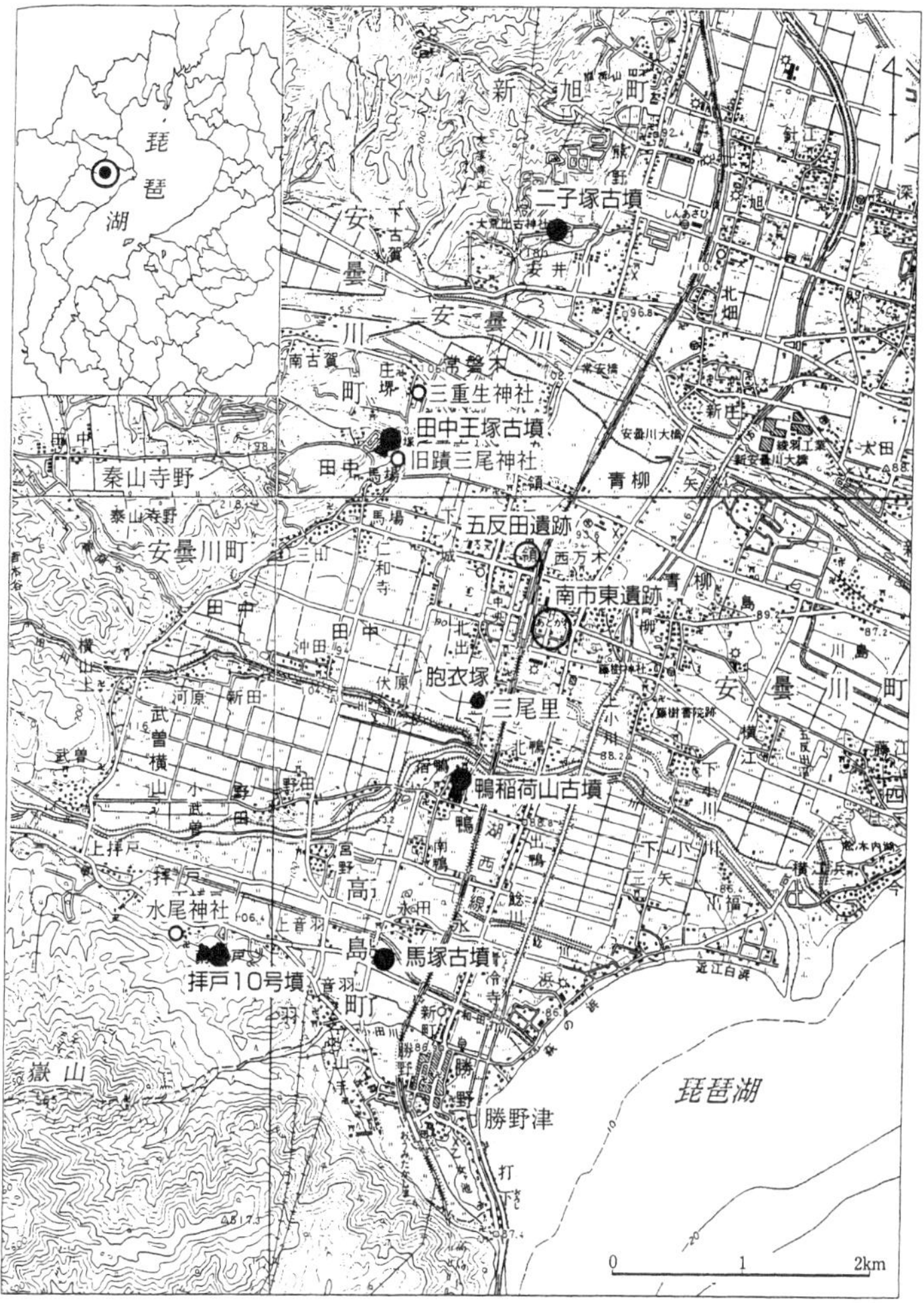

図24　高島郡の古墳分布図

への進出を背後でささえる立場にあったからと考えられる（大橋信弥「近江における和邇系氏族の研究」前掲）。

ところで、高島郡の古墳文化とその特徴を考えてみると、郡のほぼ中央を西から東に貫流する安曇《あど》川を挟んで、南北二つのブロックの存在が浮かび上がってくる。すなわち安曇川の北、高島市（旧新旭町）熊野本の饗庭野《あいばの》台地の南端近くには、大小三五基余の古墳からなる、熊野本古墳群が所在し、全長二八メートル《メートル》を測る前方後円墳で、三世紀前半の古墳早期に築造されたとみられる、熊野本六号墳を始め、前方後円墳（熊野本一二号墳）一基、方墳一一基、円墳二二基などで、この地域の首長墓を含むと考えられる。発掘調査がなされたものは少なく、時期は明らかでないが、三世紀前半から五世紀後半ころまで存続したとみられる（福岡澄男「高島町南部の古墳の特質について」『国道一六一号線・高島バイパス遺跡分布調査概要報告書』滋賀県教育委員会、一九七一年）。そして六世紀以降になると、これとは別に旧新旭町の平地に、二子塚古墳が築造される。早くに盛土を失い、墳形・規模等明らかでないが、双円墳との伝えがあり、三葉環刀太刀の出土が知られるから、六世紀前半代に築造された、首長墓級の古墳であったと考えられる（山崎秀二「新旭町における古墳時代」『滋賀県文化財報告書』第五冊、滋賀県教育委員会、一九七五年）。

いっぽう安曇川の南、旧安曇川町田中の泰山寺野台地の先端部には、総数四四基からなる田中古墳群が築造されている。正式な調査はなされておらず、実態は明らかでないが、大半のものが一辺八メートル《メートル》、

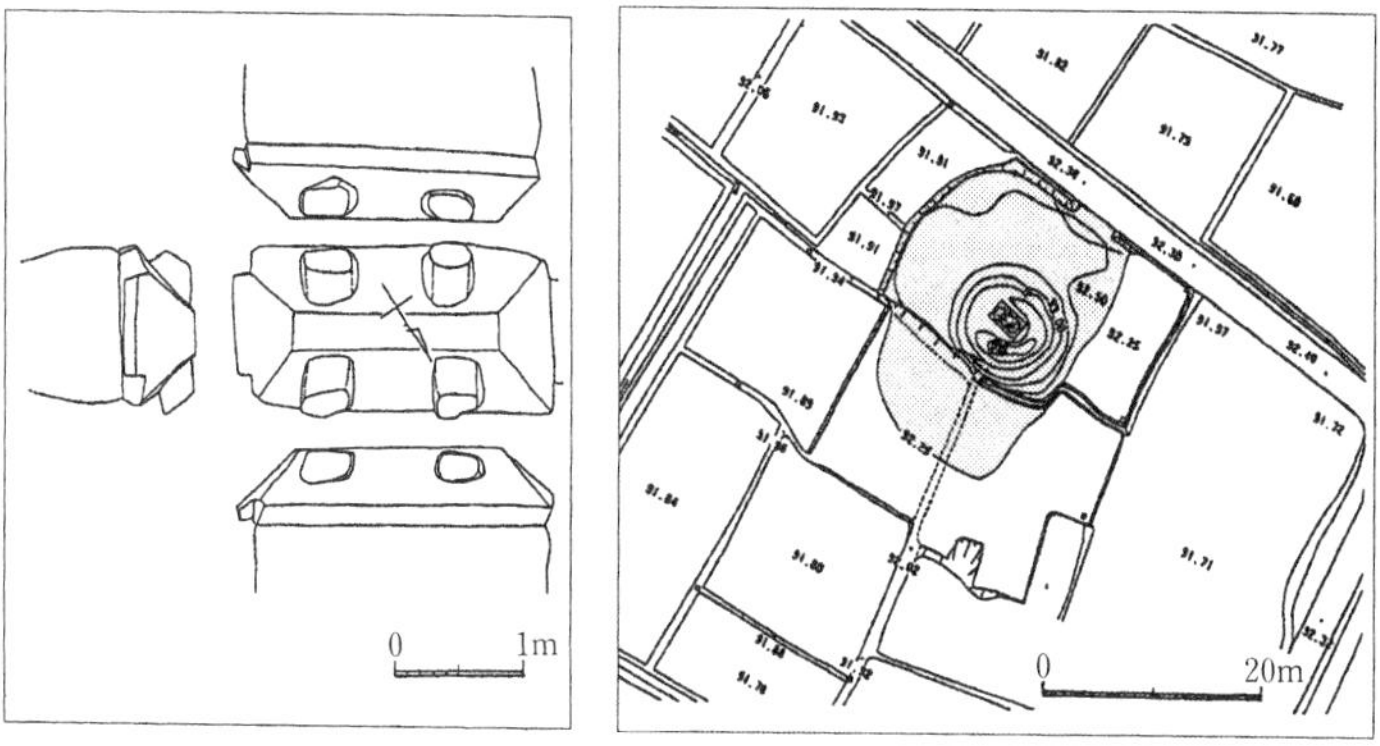

図25　鴨稲荷山古墳　墳丘・石棺実測図

高さ二メートル前後の方墳とみられ、周辺部の開墾により出土した遺物から、おおよそ五世紀前半から六世紀後半ころに造られたと考えられている。古墳群の中心となる田中大塚古墳は直径五八メートル、高さ一〇メートルの二段築成の円墳（帆立貝式古墳）と考えられ、その周辺の三基の古墳とともに、「伝彦主人王墓」として、「陵墓参考地」となっている。治定の際に墳丘整備がなされた可能性もあるが、葺石をもち、Ⅳ期の埴輪が出土しているから、五世紀後半のこの地の首長墓の有力候補といえる。

そして六世紀になるとこれとは別に、鴨川の南の平地に墳丘長約四五メートルの前方後円墳、鴨稲荷山古墳が築造されている。墳丘はその大半が消失しているが、一九〇二（明治三五）年、道路工事の土取りにより、後円部の横穴式石室から凝灰岩《ぎょうかいがん》製の家形石棺が発見され、副葬品の一部が持ち出されたが、一九二三（大正一二）年に京都帝国大学によって学術調査が行われた。棺内外からは金製垂飾付耳飾《すいしょくつきみみかざり》、金銅製の冠・飾履《しょくり》・

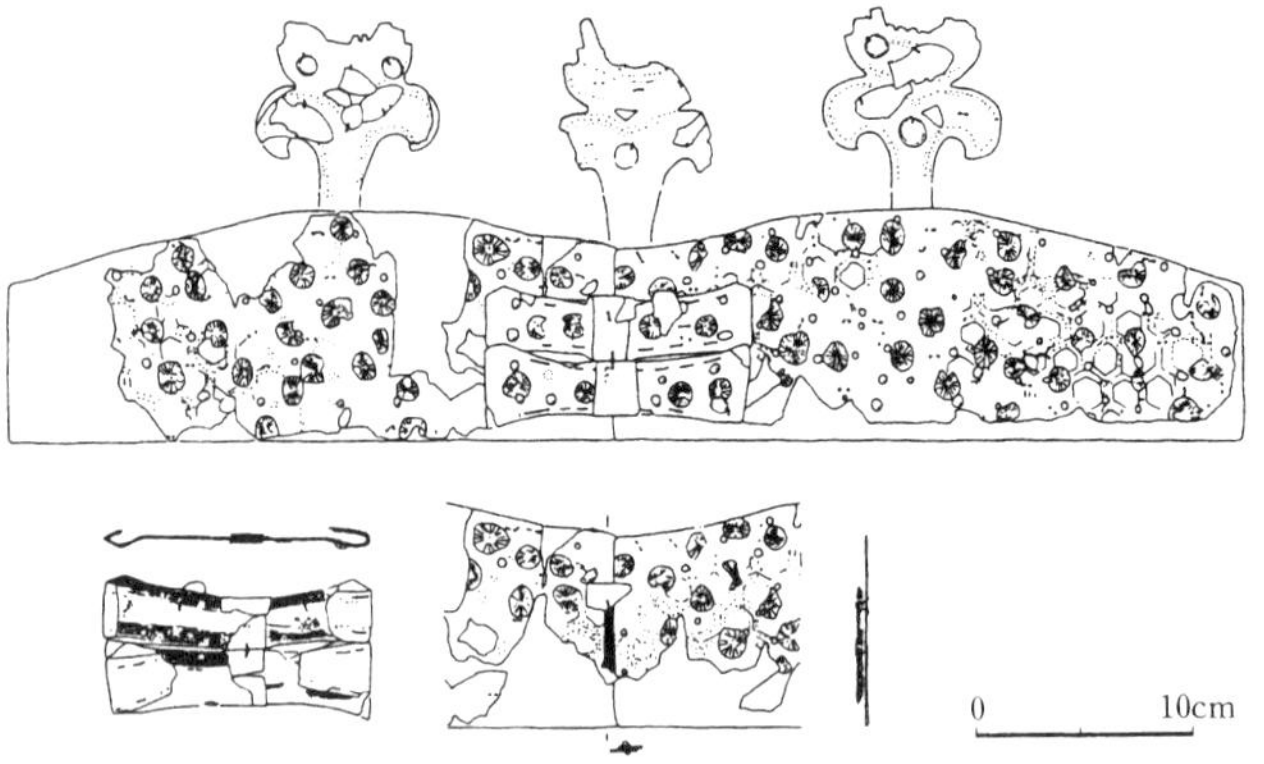

金銅製広帯二山式冠　上は展開図、左下は蝶形金具の裏面と断面、右下は帯結合部。

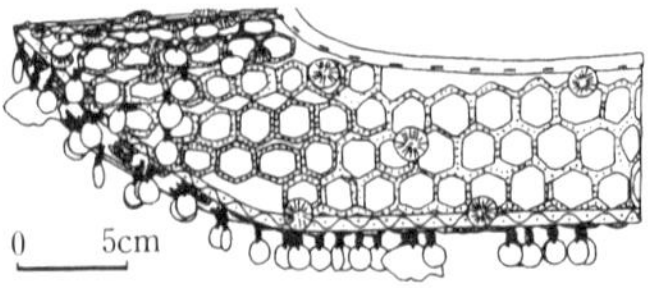

金銅製飾履の復元

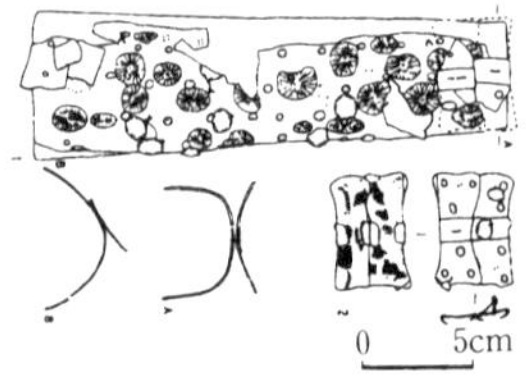

半筒形金銅製品

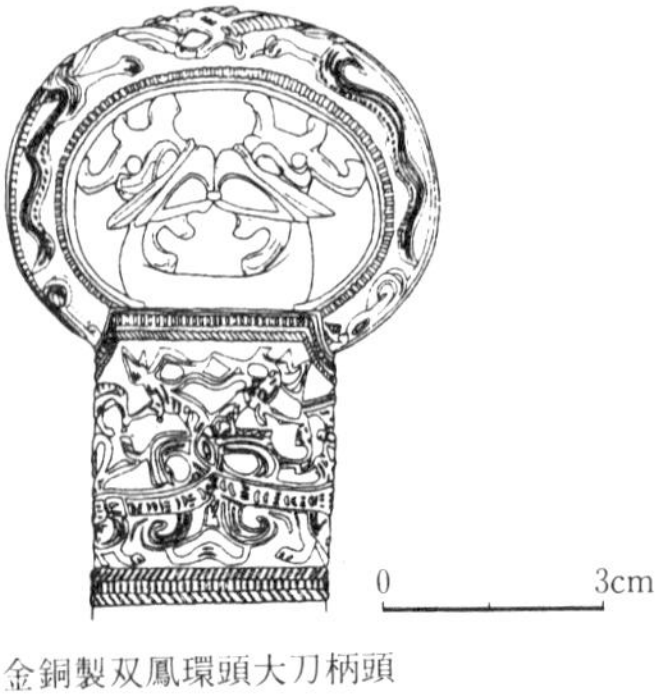

金銅製双鳳環頭大刀柄頭

図26　鴨稲荷山古墳　遺物実測図

魚佩《ぎょはい》、内行花文鏡、杏葉《ぎょうよう》・鏡板付轡《かがみいたつきくつわ》・雲珠《うず》などの馬具、環頭《かんとう》大刀、玉類、須恵器など豊富な副葬品が出土し、六世紀中葉ころに築造された大王クラスの首長墓であることが明らかになった（浜田耕作・梅原末治『近江国高島郡水尾村の古墳　京都帝国大学文学部考古学研究報告』第八冊、前掲、小野山節ほか『琵琶湖の6世紀を探る』前掲）。

このように高島郡域の古墳文化の様相を、古墳群と首長墓の動向を中心に概観してみると、先に述べたように、安曇川の北と南に大きく二つの勢力の存在が、改めて確認できる。そうした場合、安曇川の北の勢力については、先に詳しくみた高島郡の有力豪族、角山君氏との関わりが想定される。これに対し安曇川の南の勢力については、現時点では郡内における居住は確認できないものの、先にみた三尾の地名・名称の遺存地域から見て、三尾君氏を当てるほかないであろう。そうした場合、時期的にみても、田中大塚古墳や鴨稲荷山古墳の様相は、継体天皇をその父の代から強く支えた、三尾君氏に関わるものとして、ふさわしい内容をもつといえよう。

2　振媛の出自と出身地

「上宮記一云」にみえる振媛の出自系譜について、米沢康氏は、『書紀』垂仁三十四年三月二日条、同景行四年二月十一日条や『先代旧事本紀』国造本紀の加我《かが》国造・羽咋《はくい》国造などにみえる三尾君氏の始祖系譜と、ほぼ一致するところから、振媛の系譜は三尾君氏の系譜であって、振媛は当然三尾氏に出自すること、『書紀』と「上宮記一云」の継体即位事情にかかわる所伝において、振媛の出身地が越前坂井とほぼ限定できることなどから、三尾君氏の本拠も越前坂井とすることができるとされている（米沢康「三尾氏に関する一考察」前掲）。これに対し、水谷千秋氏は、同様の根拠により振媛の系譜と三尾君氏の系譜の一致や振媛の出自を三尾君氏と主張されながら、さきにみたように、系譜にみえる人名などを手がかりに、三尾君氏の本拠が近江高島であることを補強されている（水谷千秋「三尾氏の系譜と伝承」前掲）。米沢氏の見解は、その当否は別として、首尾一貫しているのに対し、水谷氏の見解は、「上宮記一云」の系譜部分と物語部分を切り離して、前者は信用できるが後者は信用できないとされるなど、史料の扱いに問題を残している。これは水谷氏が、山尾幸久氏と同じく、継体の出身地を近江とする『古事記』の記載を重視されるからに他ならないが、それとともに、「上宮記一云」についての、独自な理解に基づくことは明らかであろう。したがって、この問題の焦点は、やはり「上宮記一云」第二段の振媛の始祖系譜と第三段・第四段の振媛と継体に関わる物語の史料批判と考える。『釈日本紀』が引用する「上宮記一云」については、書名から聖徳太子の伝記のひとつと考えられるが、その表記から知られるように、「一云」はその本文ではなく異伝（一説）の一つであったとみられる。『釈日本紀』が、巻十三・述義九・第十七の継体天皇の出自を書いた部分の注釈として引用しているように、当然『記紀』では明らかでない継体天皇の出自系譜を呈示すべく引用したのであろう。

表3 「上宮記一云」『日本書紀』本文比較

「上宮記一云」	『日本書紀』継体即位前紀条
上宮記に曰く、一に云ふ、凡牟都和希王、（淫俣那加都比古の女子、名は）弟比売麻和加に娶ひて生める児、若野毛二俣王、母々思己麻和加中比売に娶ひて生める児、大郎子・一名意富々等王、妹践坂大中比弥王、弟田宮中比弥、弟布遅波良己等布斯郎女、四人なり。此の意富々等王、中斯知命に娶ひて生める児、乎非王、（牟義都国造、名は伊自牟良君の女子、名は）久留比売命に娶ひて生める児、汙斯王、	男大迹天皇 更の名は彦太尊。は、誉田天皇の五世の孫、彦主人王の子なり。
（伊久牟尼利比古大王の児、伊波都久和希の児、伊波智和希の児、伊波己里和気の児、麻和加介の児、阿加波智君の児、乎波智君。余奴臣の祖、名は阿那尒比弥に娶ひて生める児、都奴牟斯君の妹。）布利比弥命に娶ひましき。	母を振媛と曰す。振媛は、活目天皇の七世の孫なり。
汙斯王、弥乎国高嶋宮に坐します時、此の布利比売命の甚美しき女なりといふことを聞して、人を遣して三国の坂井県より召上げて、娶ひて生みませるは、伊波礼宮に天の下治しめしし乎富等大公王なり。	天皇の父、振媛が顔容姝妙しくして、甚だ媺色有りといふことを聞きて、近江國の高嶋郡の三尾の別業より、使を遣して、三國の坂中井中、此をば那と云ふ。に聘へて、納れて妃としたまふ。遂に天皇を産む。
父の汙斯王、崩去りまして後、王の母、布利比売命の言曰はく、「我独り、王子を持ち抱きて親族部なき国にあり。唯我独りにては養育（ひだし）奉らむこと難し。」と云ひ、尒に祖の在ます三国に将て下り去き、多加牟久村に坐さしめき。	天皇幼年くして、父の王薨せましぬ。振媛廼ち歎きて曰はく、「妾、今遠く桑梓を離れたり。安ぞ能く膝養ること得む。余、高向に歸寧ひがてらに、高向は、越前國の邑の名なり。天皇を奉養らむ」といふ。

図27「上宮記一云」系譜

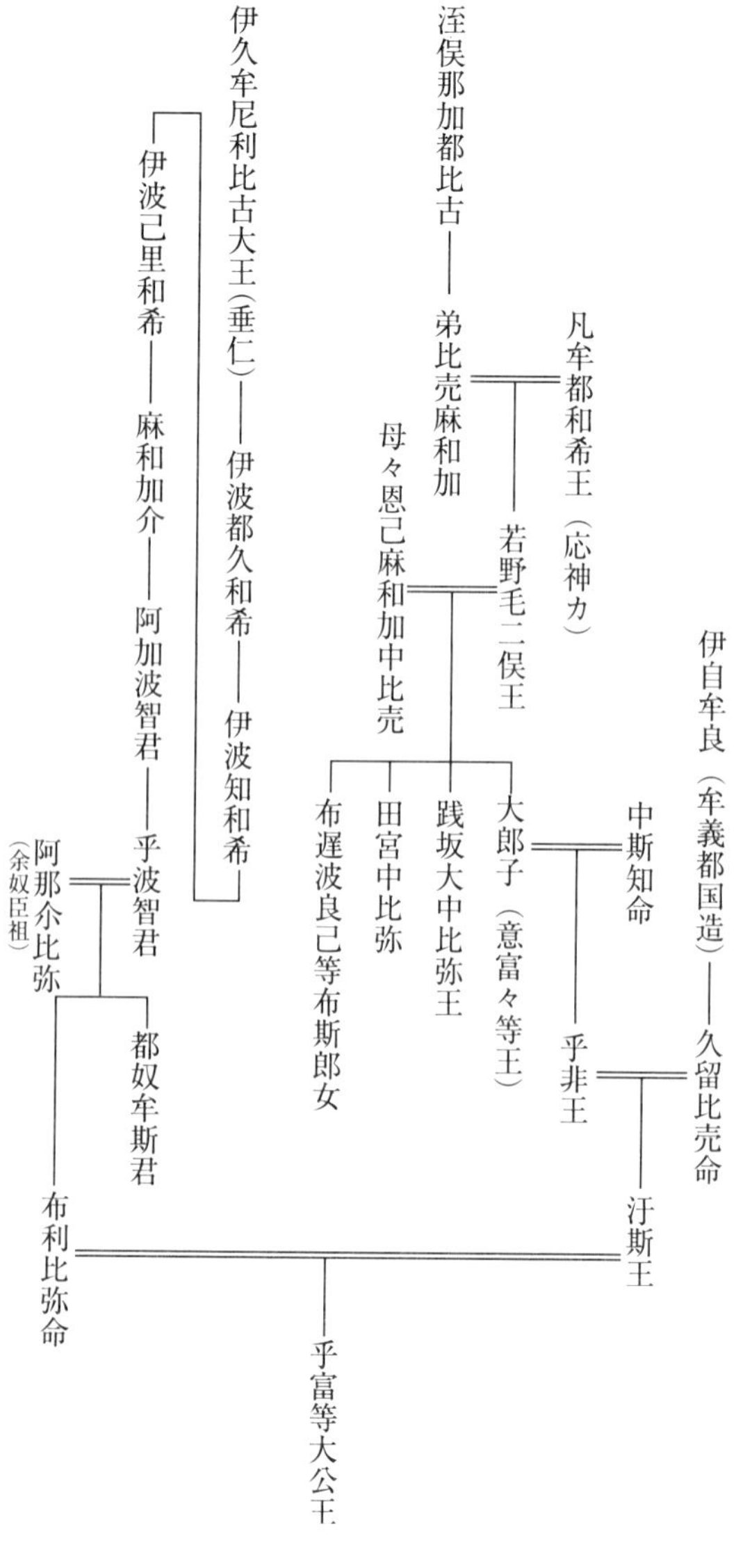

したがって、よく判らないが、「上宮記」の記述の中に、継体のそうした出自と即位事情を、詳しく述べるくだりがあり、「上宮記一云」は、その異伝であったとみられる。したがって「上宮記一云」が参照した記録は、当然継体の出自と即位事情を明らかにする目的で述作されたものであったと考えられ

る（黛弘道「継体天皇の系譜について」前掲）。後に述べるように、ほぼ同様の所伝を載せる『書紀』も同系統の記録に基づき記述した可能性が高いところから、まず考えられるのは、川口勝康氏が指摘されるように「原帝紀」の可能性であろう（川口勝康「五世紀の大王と王統譜を探る」『巨大古墳と倭の五王』青木書店、一九八一年）。私も継体王統により編み上げられた、「帝紀」のひとつではないかと考えている。ところが水谷氏は、「上宮記一云」の成立事情について、これまでとは異なる独自な理解を示している。

「上宮記一云」が、その構成から、大きく四段に分かれることは、よく知られている。第一段と第二段は、いわゆる系譜部分で、第一段が父方の継体の出自系譜、第二段が母方の振媛の出自系譜である。第三段と第四段は、継体の即位事情を述べたもので、第三段が振媛と彦主人王の結婚と継体の誕生、第四段が彦主人王の死と振媛と継体の越前への帰郷を述べている。

まず「上宮記一云」の第一段・第二段の系譜部分について、塚口義信氏が、継体の父方の系譜中に見える牟義津《むぎつ》国造、母方の系譜中に見える余奴臣に注目して、所伝への関与を推測された（「『釈日本紀』所載の「上宮記一云」について」『堺女子短期大学研究紀要』一八、一九八二年）のを請けて、水谷氏は、この系譜が本来継体の父方と母方の家に、別個に伝えられていた二つの系譜を接続したものであるとし、横田健一氏の用字法についての研究（「記紀の資料性」『日本書紀成立論序説』塙書房、一九八四年）に依拠して、系譜が用字の面からも複数の文書を書き写したものであるとされた。そしてそれを裏付

図28　若野毛二俣王系譜

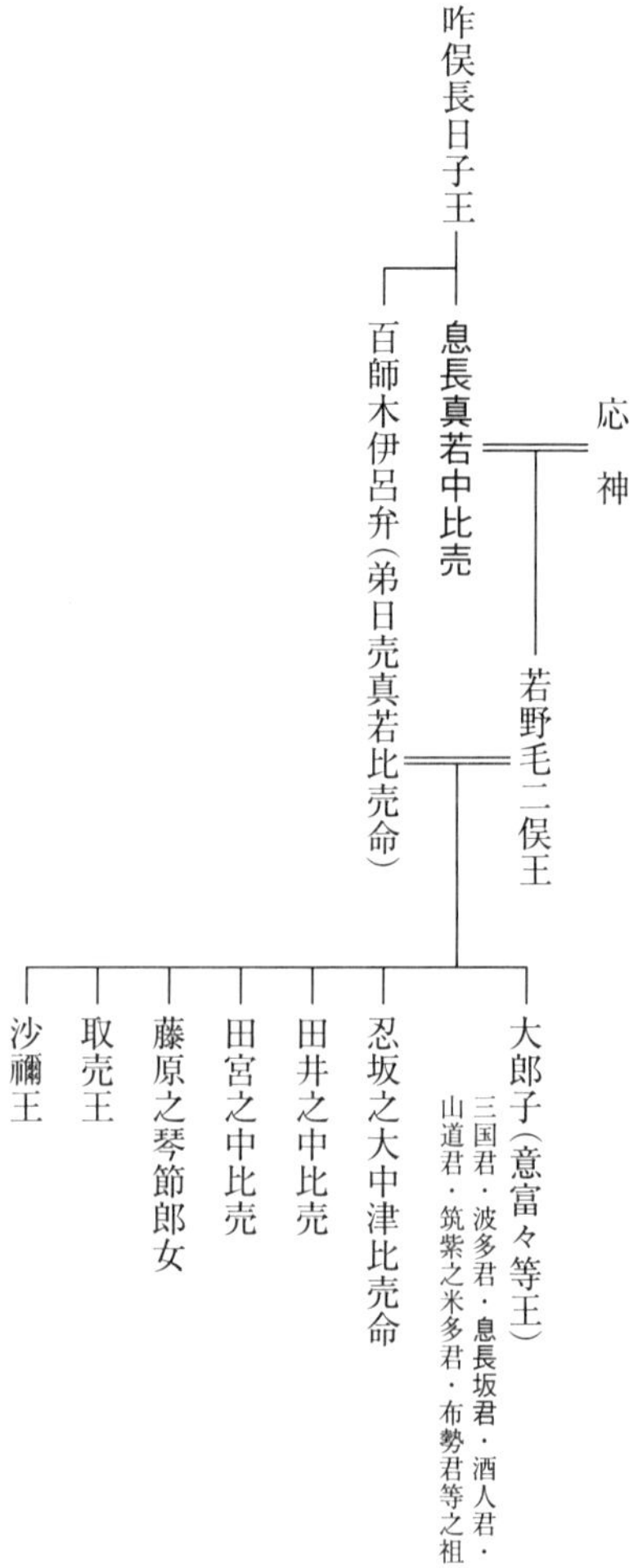

けるものとして、次の三点を付け加える。①短い文中で天皇号の用例が、「王」「大王」「大公王」と様々に相違すること、②「命」の表記は、「上宮記一云」の系譜の中では、女性三名のみに使用され、父系系譜では、後半部の「中斯知命」の関わる系譜以降に、「命」の表記が見られるのに対し、前半部分の「意富富等王」の兄妹に関わる記事以前については、女性に称号そのものが付されていない。いっぽう母系系譜においても、後半部分の「布利比弥命」にのみ「命」の表記が見えていること、③系譜の記載様式を見ると、それぞれの前半部分が、母を記載しない男子一系的な形態をとるのに対し、

後半部分は、妻の名も折りこんだ形式としている。

そして、こうした指摘を前提として、次のように主張された。①「上宮記一云」の系譜はA・B・C・Dの四種の原史料に分解でき、父方の前半部（A）を天皇号の定まらない時代の、古い原史料によるもの、後半部（B）をAより新しく成立した原史料によるもの。母方の前半部（C）を男子一系的な古い系譜、後半部（D）をCより新しく女系的系譜を加えたものとし、②「上宮記一云」の本文中には、父方の牟義津国造、母方の余奴臣の二氏族のみの名が見えているが、氏族系譜は氏族がその出自の尊貴性を示すために作成するものであるから、それぞれ父方の後半部、母方の後半部の系譜伝承者とみなされる。いっぽう③母方の前半部は、三尾氏に関わる系譜と一致するところが多く、三尾氏により伝承されていたもので、後半部の伝承者である余奴臣により、三尾の名を抹消して全体が構成された。④父方の前半部は、もともと息長氏により伝承されていた古い系譜で、史実に基づく可能性が高い。いまだ息長なる氏族名は表記されておらず、天武朝頃に息長氏が自家の伝承であることを強調すべく、『古事記』の「若野毛二俣王系譜」に見えるように、氏族名を付加することになった。牟義津国造は自家の系譜を荘厳化するため、こうした改変以前の前半部の息長氏の系譜に接続して、父方の系譜を完成させた（水谷千秋「『上宮記一云』系譜の成立について」『継体天皇と古代の王権』和泉書院、一九九九年）。

水谷氏が、「上宮記一云」の系譜を、大きく二つの系譜からなるとし、さらにその前半部と後半部に分類し、検討を加えられたことは、的確な判断であった。そして、前半部と後半部の系譜の特徴として、前半部が「男子一系的」な形式をとり、より古い系譜の様相を示すのに対し、後半部が男系・女系の両方からなる新しい様相をもつ系譜であるとされたのは、慧眼といわざるを得ない。しかしながら、水谷氏が引き続いて、これらの系譜の成立過程や由来について指摘された諸点については、一部を除いて納得できない。特に、それぞれの後半部、継体の父母の系譜を記したBを、牟義津国造の氏族伝承とし、振媛の父母の系譜を帰したDを、余奴臣の氏族伝承とされる点については、単に両氏の名が系図中に見えるということだけで、特に根拠は示されておらず、説得力を欠くものである。両氏の名が見えるのは、水谷氏が的確に指摘されたように、この部分の系譜が、女系を加えた新しい形式でかかれているからであって、決して氏族伝承として成立したからではない。

そして前半部については、継体の父方の前半部について、内容的にも形式的にも、史実に基づく可能性のある古い系譜と指摘される。こうした指摘は「上宮記一云」の史料価値に関わるもので、これまで多くの議論が出され、その意義が強調されてきたところであるが、水谷氏は、そのことを認めたうえで、これも息長氏により伝えられた氏族伝承と主張される。その論拠は特に示されていないが、おそらく『古事記』の「若野毛二俣王系譜」との関わりから主張されたのであろうが、水谷氏も明確に指摘されるように、「上宮記一云」には、息長氏に関わる要素は全く検出されないのであって、これを敢えて息長氏の伝承とする積極的な根拠はないと考える。むしろ息長氏の関与が加わる以前の、王権が伝えていた「原帝紀」に基づく可能性が高いのではなかろうか。

いっぽう振媛の系譜の前半部については、「原帝紀」に基づく可能性はほとんどないから、いちおう三尾氏が保持していた始祖系譜として異論はない。ただ水谷氏が、後半部の伝承者である余奴臣の手により、系譜から三尾氏の名が抹消されたとする点については、もともとこの系譜は、振媛が垂仁天皇九世の孫の王族であることを示すべく構成されたものであって、三尾氏の名はもとの系譜にあったとしても、載せることはできなかったとすべきであろう。したがって、振媛系譜の後半部に、余奴臣の関与など本来ありえないのではなかろうか。

以上のように、「上宮記一云」が参照した記録は、継体の出自と即位事情を明らかにする目的で述作されたもので、一氏族の伝承とは考えられない。「帝紀」乃至、諸家に伝わった「帝紀」の一種とすべきであろう。先に私は「上宮記一云」の系譜は、継体王家の保持していた王統譜の一部としたが、厳密には継体自身の系譜は当然父方のみであり、母方は振媛の出身氏族の系譜をもとに、継体王家が編み上げたものであろう。とくに父方の前半部は、王権が代々伝えていた「原帝紀」の面影をよく残したものである可能性は高く、それに継体王家が自家の系譜を接続したのであろう。いっぽう母方については、後半部が振媛の出身氏族が所有していた系譜で、そこに前半部が接続されたと見られるが、前半部は「原帝紀」ではなく、先にみたように、おそらく三尾氏に伝えられていた系譜であったと思われる。この点については後に少し詳しく検討したい。

次に「上宮記一云」の後半、第三段・第四段の物語部分であるが、「帝紀」の記載内容を、詳細に検討された井上光貞氏は、「帝紀」は、単なる系譜だけでなく、いわゆる「日継の次第」である即位事情も当然含まれていたことを指摘されている（井上光貞「帝紀からみた葛城氏」『日本古代国家の研究』岩波書店、一九六五年）。したがってこの中にも王権が伝えてきた史実を核とする所伝が含まれている可能性があるといえよう。そうした場合、「上宮記一云」の後半部分も、その系譜と同様に、「原帝紀」か、諸家に伝えられていた「帝紀」そのものか、それにより書かれた可能性があると考える。

この点について水谷氏は、継体の即位事情を語る『古事記』『書紀』「上宮記一云」の三書を比較検討し、『古事記』が父系のみの出自しか記していないのに対し、『書紀』と「上宮記一云」の二書は、父母の出自と伝承を書いており、内容的にも類似し、両者が近い関係にある所伝とされる。この点についでは特に異論のあるところではない。ところが、水谷氏は、『古事記』が母に関わる系譜・所伝を欠いている理由について、詳細に検討を加え、『古事記』は、「帝紀」をそのまま引用したもので、母に関わる系譜・所伝は、もともと「帝紀」になかったため、欠落したとされる。そして『書紀』は、「帝紀」以外の資料を蒐集し、水谷氏の見解を敷衍するなら、おそらく余奴臣の氏族伝承として編纂された「上宮記一云」によって書き加え、そのことを隠蔽するため、あたかも本来の「帝紀」の如く記載したのではないかとされる。したがって、水谷氏は『古事記』により、継体の出身地は近江であって、『書紀』「上宮記一云」が述べる振媛に関わる所伝については、余奴臣によって系譜とともに述作されたものであって、史実とは考えられないとされる（水谷千秋「『上宮記一云』と記紀」『継体天皇と古代の王権』前掲）。

これは、振媛を近江高島の豪族三尾氏の娘とし、高嶋にいた彦主人王に嫁ぎ、継体を生んだと主張されている水谷氏の立場からすれば、当然のこと考えるが、『古事記』『書紀』の他の部分においても同じであるが、本来系譜と伝承は一体のものであって、切り離すことは、できないのではないか。彦主人王の死後、振媛が幼い継体をつれ、「祖《おや》の在《い》ます三国」「桑梓《もとのくに》」の高向に帰郷したとする記載と、振媛の系譜は密接につながっているのである。必ずしもその論旨については、支持できないが、山尾幸久氏のように、系譜も伝承も一括否定されるのが、史料の取り扱いとしては、正しい方法といえる。

水谷氏が継体の出身地を越前ではなく、近江とされる根拠は、『古事記』の記載であるが、先に述べたように、『書紀』も「上宮記一云」も、継体が近江で生まれたことは明記しており、三者に不一致は全くない。『古事記』の記載は、一般に「帝紀・旧辞」の古い形を残すとされるが、仁賢天皇段以降は、各天皇段がかなり短くなり、最低限の記述になっている。私は、こうした部分については、編纂段階でもとの記述をかなり省略していると考える。継体の即位前の事績についても、本来あった記述を簡略化したのではなかろうか。その点で注意されるのは、問題の記述が、継体天皇段の帝紀的記載ではなく、武烈天皇段の末尾に置かれていることである。そしてその眼目は、継体の出身地にあるのではなく、継体を近江から上らせ、手白髪命に「合せまつりて、天下を授ケ奉りき」とするように、あくまで継体が、手白髪命と結ばれ即位したことを強調するところにあったわけで、即位の正当化が主目的であったことを忘れてはならない。『古事記』は、近江で生まれ、越前で育ち、そこから即位したとする所伝を、出生地に重点を置いて簡略に記載したのではなかろうか。継体を近江出身とする見解のバックボーンとして、息長氏出自説があることは、周知のところであり、それが成り立ち難いことは、これまで強調してきたところであって、ここでは敢えてふれない（大橋信弥「再び近江における息長氏の勢力について」『古代豪族と渡来人』前掲）。

3　越前坂井郡の古代豪族の動向

振媛が幼い継体をともなって帰った越前三国（越前国坂井郡）は、九頭竜《くずりゅう》川の形成した福井平野の北半を占める地であり、九竜頭川の河口に所在する三国湊の存在とともに、越前の中核となる地域である。事実、この地域には「越前の大首長の歴代の墓」とされる、巨大な首長墓が継起的に築造されている（青木豊昭「越前における大首長墓について」『福井県立博物館紀要』一、一九八五年）。その概略を述べるなら、その中心となるのは、九頭竜川が福井平野に流出する左右両岸の山塊に所在する松岡古墳群と丸岡古墳群で、これとは別に六世紀の前後に急速に勢力を伸長するのが、旧丸岡町（現坂井市）・旧金津町（現あわら市）の横山古墳群である。

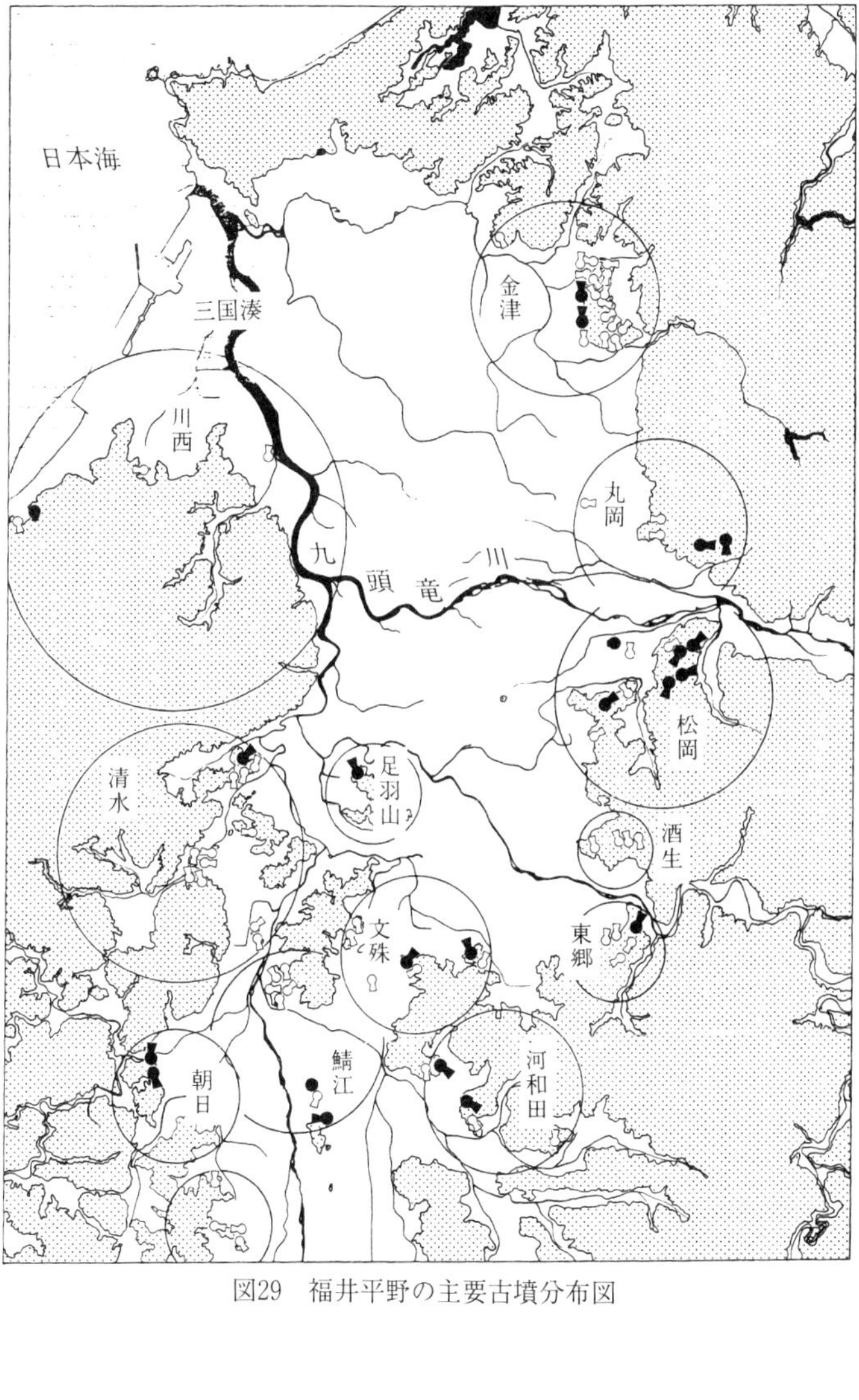

図29　福井平野の主要古墳分布図

この地域最古の首長墓とされるのは、旧松岡町（現永平寺町）に所在する。全長一四〇メートルの前方後円墳の手繰ヶ城山古墳で、九頭竜川を見下す標高一五〇メートルの山頂に所在している。埴輪・葺石をもち、内部主体には、割竹形の石棺を埋置している。およそ四世紀後半代に築造されたとみられている。これにつづくのが、対岸の旧丸岡町（現坂井市）久米田の標高一九六メートルの山頂に所在する全長一四〇メートルの前方後円墳、六呂瀬山一号墳である。埴輪・葺石をもち、内部主体は舟形石棺を埋置しているとされる。未調査のため築造年代はおよそ四世紀末とされている。これにつづくのが六呂瀬山一号墳の西、標高一七九メートルの屋根上に所在する六呂瀬三号墳で、全長一一〇メートルの前方後円墳である。埴輪・葺石をもち、内部主体は舟形石棺とみられ、およそ五世紀前半代に築造されたと考えられている。これにつづくのが手繰ヶ城山古墳西方の台地上に所在する泰遠寺山古墳で、径七〇メートルの大円墳で、内部主体は舟形石棺で、副葬品は環状乳六神獣鏡・内行花文鏡をはじめ、勾玉・管玉など豊富な玉類をもち、五世紀中葉ころに築造されたとみられている（中司照世「継体伝承地域における首長墳の動向―畿内周辺地域を中心として―」前掲）。

　これにつづくとみられるのが、手繰ヶ城山古墳の南、標高二五六メートルの山頂に所在する石舟山古墳で、全長八五メートルの前方後円墳である。内部主体は舟形石棺で、副葬品は過去に盗掘され不明である。およそ五世紀後半代に築造されたとみられている。つづいて同じ山頂上に、全長九〇メートルの前方後円墳、二本松山古墳が築造されている。内部主体は二基の舟形石棺で、一号石棺は江戸時代に盗掘され、甲

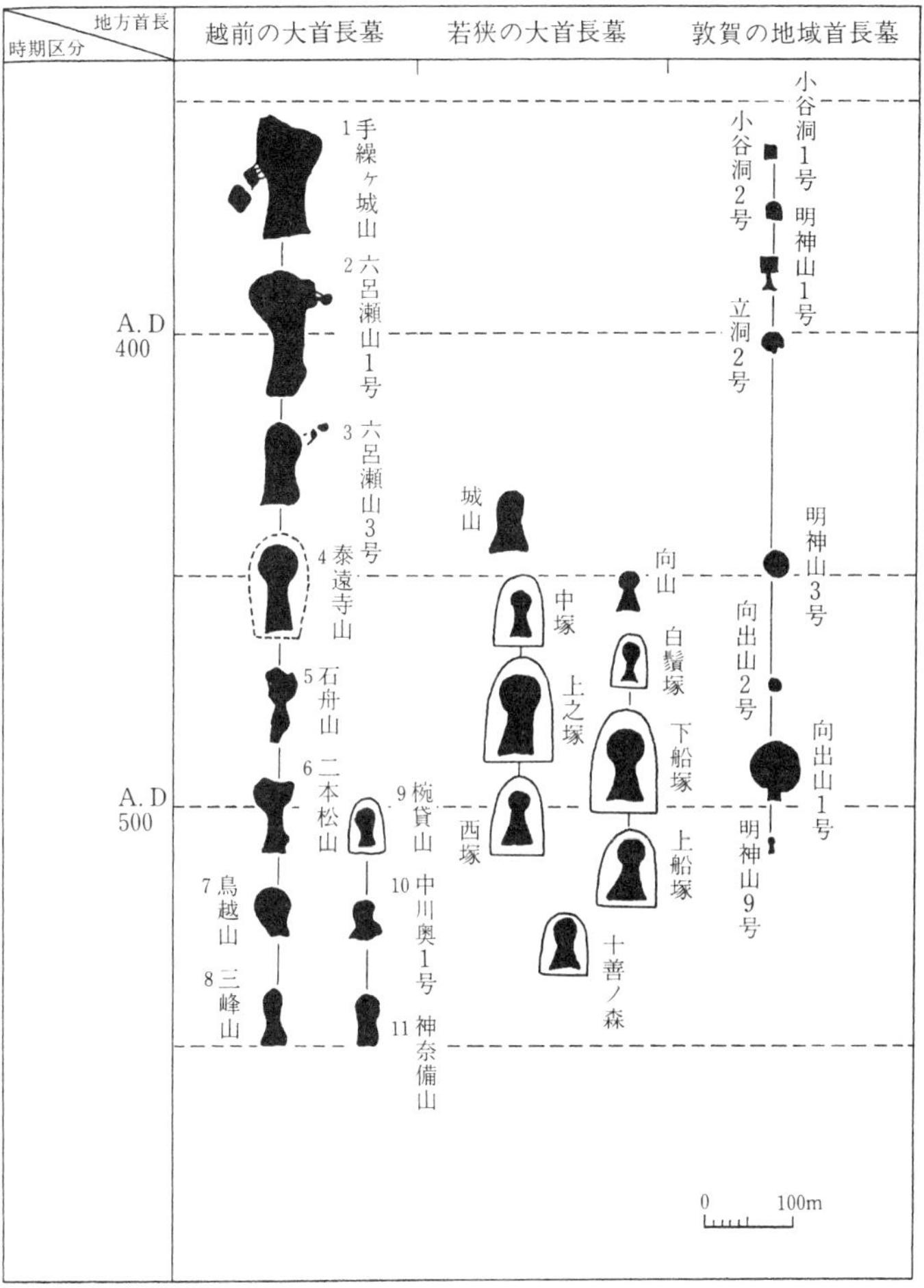

図30　越前・若狭の大首長墓の変遷

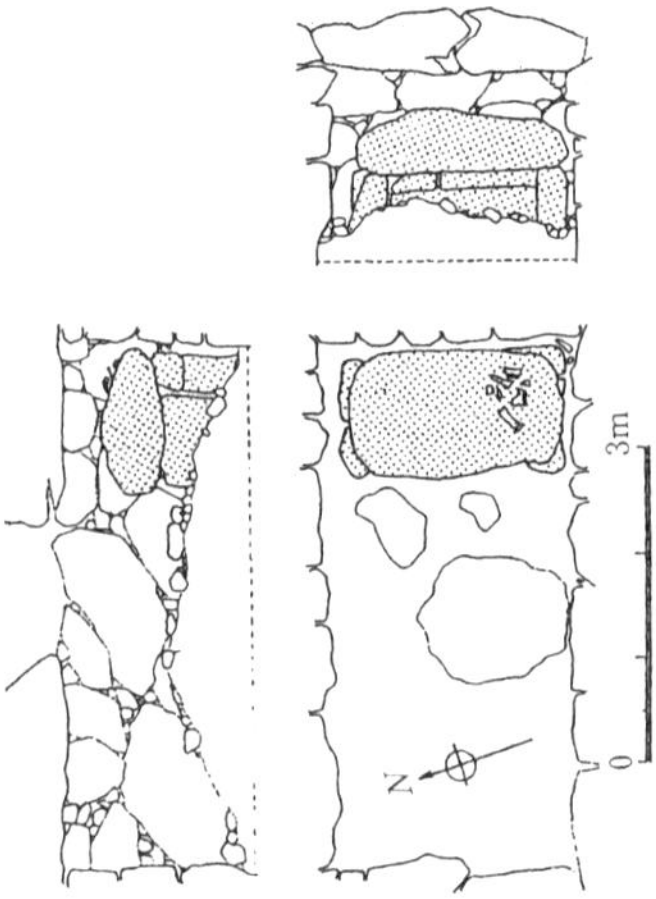

図31　椀貸山古墳
外観と石室石屋形実測図

冑や金銀珠器が副葬されていた。二号石棺は明治三九年に発見され、著名な鍍金冠・鍍銀冠をはじめ、変形四獣鏡・管玉・眉庇付冑・短甲・頸鎧など豊富で豪華な副葬品を出土した。築造年代はおおよそ五世紀末から六世紀初頭とみられている。これにつづくのが、同じ旧松岡町（現永平寺町）の山頂に所在する鳥越山古墳で、全長六五メートルの前方後円墳である。内部主体は二基の舟形石棺で、副葬品などは明らかでない。六世紀前半代に築造されたとみられている。そして一連の首長墓の最後が、同じ山頂に所在する三峰山古墳である。全長六四メートルの前方後円墳で、内部主体は舟形石棺が想定されている。未調査のため副葬品等明らかでないが、六世紀中葉ごろに築造されたと考えられている。

一方、六世紀前半代になると、これまでの首長墓群とは別系譜で、それに肩を並べる首長墓が、坂井郡北部の旧丸岡町（現坂井市）・旧金津町（現あわら市）の丘陵上に出現してくる。すなわちこの地域でも四世紀末ごろからの首長墓の系譜は認められるものの、小規模で六世紀初頭に築造されたとみられる椀貸山《わんがしやま》一号墳以降、急速に大型化がすすんでいる。旧丸岡町坪江の山麓に所在する椀貸山古墳は、六世紀前葉に築造されたとみられ、全長四五メートル、高さ約六・八メートルの北面する前方後円墳で、外周に周濠をめぐらし、二段築成で葺石・埴輪を持つ。横穴式石室で、内部に石屋形を安置していた。副葬品としては須恵器の壺・器台が知られている。これにつづくのが、旧金津町中川の丘頂に所在する中川奥一号墳で全長四七メートルの前方後円墳である。埴輪・葺石をもち、未調査のためおおよそ六世紀前半代に築造されたとみられている。これにややおくれて築造されたとみられるのが、旧金津町瓜生の低丘陵上に所在する神奈備山《かんなびやま》古墳で、全長六四・四メートル、高さ

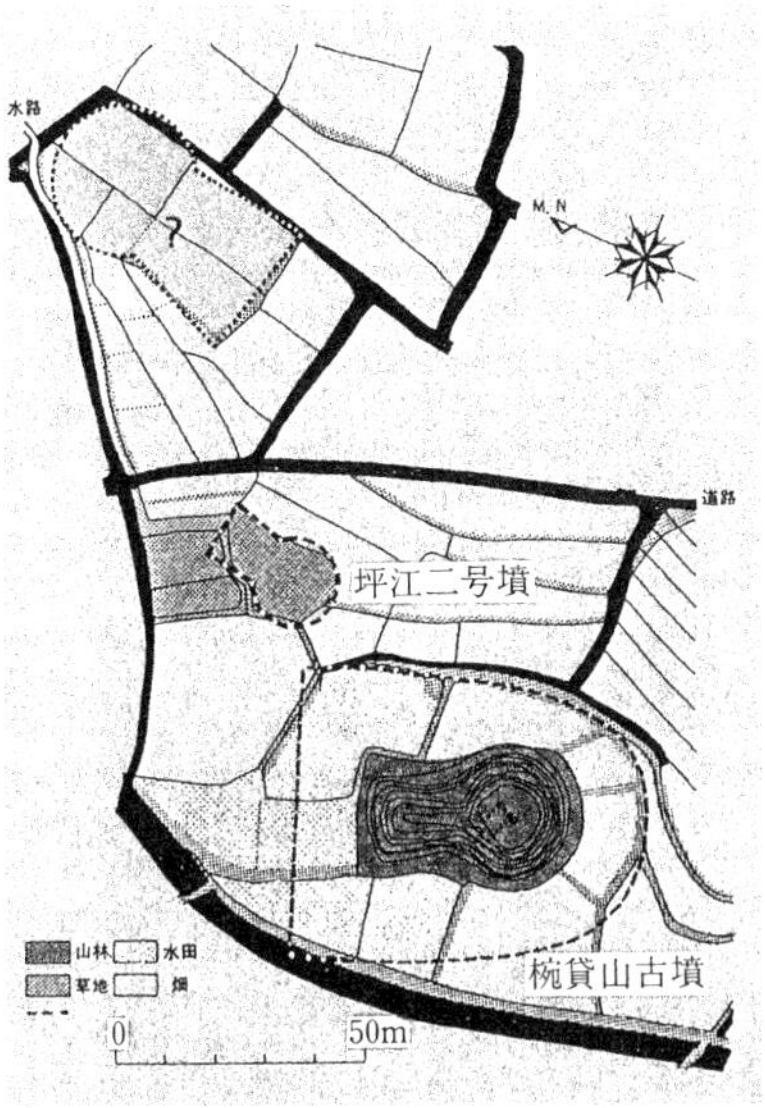

図32　椀貸山古墳と坪江２号墳

出身・身分	官　　位	記　　事	年
坂井郡大領	外正八位下	(「越前国正税帳」)	731
坂井郡大領		(「布施米注文案」)	758
荒伯郷戸主		(「越前国司解」)	766
磯部郷戸主		(「越前国司解」)	766
長畝郷戸主		(「越前国司解」)	766
坂井郡高串村		(「東大寺開田図」)	766
右京三条三坊戸主		田宮村の墾田を売却（「越前国司解」)	766
右京三条三坊戸主		田宮村の墾田を売却（「越前国司解」)	766
坂井郡大領　勲十一等	外正八位下	(「越前国坂井郡司解」)	780
川口郷			8世紀
坂井郡主政	無位	(「越前国郡稲帳」)	733
坂井郡大領	外正六位上	東大寺に墾田百町を寄進	757
坂井郡大領	外正六位上	(「東大寺功徳分施入帳」)	758
江沼郡山背郷戸口		天平7.5逃（「越前国坂井郡司解」)	740
江沼郡山背郷戸口		天平7.5逃（「越前国坂井郡司解」)	740
高向郷戸主		(「越前国司解」)	766
坂井郡少領	外従六位上	(「越前国坂井郡司解」)	780
坂井郡少領　勲十二等	外正八位下	(「越前国正税帳」)	731
坂井郡少領　勲十二等	外正八位下	(「越前国正税帳」)	731
福留郷戸主		(「越前国司解」)	766
海部郷戸主		(「越前国司解」)	766
高向郷戸主			
坂井郡擬主政	無位	(「東大寺功徳分施入帳」)	758
磯部郷戸主		(「越前国司解」)	766
赤江郷戸主		(「越前国司解」)	766
袋郷戸主			8世紀
袋郷戸口			8世紀
桑原駅家子戸主		(「越前国司解」)	766
高屋郷戸主		(「越前国司解」)	766
坂井郡主政	外従七位下	(「越前国坂井郡司解」)	780
磯部郷戸主		(「越前国司解」)	766
荒墓郷戸主		(「越前国司解」)	766
堀江郷戸主		(「越前国司解」)	766
堀江郷戸主		(「越前国司解」)	766
坂井郡擬主帳	外大初位上	(「越前国坂井郡司解」)	780
荒伯郷戸主		(「越前国司解」)	766
堀江郷戸主		(「越前国司解」)	766
海部郷戸主		(「越前国司解」)	766
海部郷戸主		(「越前国司解」)	766
荒墓郷戸主		(「越前国司解」)	766

表4　越前国坂井郡の古代人名一覧

番号	氏　　名	出　　典	年　　紀
1	三国真人	『正倉院文書』	天平 3. 2.26
2	三国真人	『正倉院文書』十四	天平宝字 2.11.24
3	三国真人野守	『正倉院文書』五	天平神護 2.10.21
4	三国真人奥山	『正倉院文書』五	天平神護 2.10.21
5	三国真人三吉	『正倉院文書』五	天平神護 2.10.21
6	三国□□	『東大寺文書』六	天平神護 2.10.
7	三国真人磯乗	『正倉院文書』五	天平神護 2.10.21
8	三国真人国継	『正倉院文書』五	天平神護 2.10.21
9	三国真人浄乗	『正倉院文書』六	宝亀11. 4. 3
10	三国真人佐弥	『長岡京木簡』	
11	品遅部公廣耳	『正倉院文書』	天平 5.閏3. 6
12	品治部公広耳	『続日本紀』	天平宝字元.閏8.11
13	品治部公広耳	『正倉院文書』四	天平宝字 2.10. 7
14	品治部公衣麻呂	『正倉院文書』二	天平12
15	品治部公乎波岐	『正倉院文書』二	天平12
16	品治部公千国	『正倉院文書』五	天平神護 2.10.21
17	品治部公	『正倉院文書』六	宝亀11. 4. 3
18	海直大食	『正倉院文書』	天平 3. 2.26
19	海直大食	『正倉院文書』一	天平 5.閏3. 6
20	海萬麿	『正倉院文書』五	天平神護 2.10.21
21	海得足	『正倉院文書』五	天平神護 2.10.21
22	山　冨万呂	『長岡京木簡』	
23	荒木臣叙婆	『正倉院文書』四	天平宝字 2.10. 7
24	荒木常道	『正倉院文書』五	天平神護 2.10.21
25	荒木大麻呂	『正倉院文書』五	天平神護 2.10.21
26	笠取千国	『長岡京木簡』	
27	笠取大唐	『長岡京木簡』	
28	丸部度	『正倉院文書』五	天平神護 2.10.21
29	丸部僧	『正倉院文書』五	天平神護 2.10.21
30	丸部	『正倉院文書』六	宝亀11. 4. 3
31	別　広嶋	『正倉院文書』五	天平神護 2.10.21
32	別	『正倉院文書』五	天平神護 2.10.21
33	別　五百依	『正倉院文書』五	天平神護 2.10.21
34	別　長嶋	『正倉院文書』五	天平神護 2.10.21
35	完人臣	『正倉院文書』六	宝亀11. 4. 3
36	守　黒虫	『正倉院文書』五	天平神護 2.10.21
37	掃守友弓	『正倉院文書』五	天平神護 2.10.21
38	紫守多麻呂	『正倉院文書』五	天平神護 2.10.21
39	栀前山背	『正倉院文書』五	天平神護 2.10.21
40	高椅連安床	『正倉院文書』五	天平神護 2.10.21

荒墓郷戸主		(「越前国司解」)	766
高屋郷戸主		(「越前国司解」)	766
赤江郷戸主		(「越前国司解」)	766
海部郷戸主		(「越前国司解」)	766
五百木部里（磯部郷）戸主			8世紀
海部郷戸主		(「越前国司解」)	766
長畝郷戸主		(「越前国司解」)	766
磯部郷戸主		(「越前国司解」)	766
赤江郷戸主		(「越前国司解」)	766
福留郷戸主		(「越前国司解」)	766
海部郷戸主		(「越前国司解」)	766
海部郷戸主		(「越前国司解」)	766
海部郷戸主		(「越前国司解」)	766
海部郷戸主		(「越前国司解」)	766
海部郷戸主		(「越前国司解」)	766
堀江郷戸主		(「越前国司解」)	766
赤江郷戸主		(「越前国司解」)	766
余戸郷戸主		(「越前国司解」)	766
海部駅家子戸主		(「越前国司解」)	766
海部駅家子戸主		(「越前国司解」)	766
海部駅家子戸主		(「越前国司解」)	766
荒伯郷（戸主）			8世紀
海（部郷）戸主			8世紀
海（部郷）戸主			8世紀
赤江郷戸主		(「越前国司解」)	766
余戸郷戸主		(「越前国司解」)	766
水尾郷		(「山背国愛宕郡計帳」)	733

約七・二一メートルの前方後円墳で、二段築成で上段のみ葺石があるが、埴輪は持たない。これも横穴式石室の内部には石屋形が存在していたとみられる。石室からは華麗な金銅製品やガラス子玉のほか土器・武器・武具・馬具などが出土した。おおよそ六世紀中葉に築造されたと考えられている。

以上のように坂井郡の南部の九頭竜川左右両岸の山塊を中心に、四世紀後半代から六世紀中葉に到る一系列の首長墓の系譜がたどれ、その規模や内容から、坂井郡にとどまらず、越前全域に君臨した大首長墓の墓域とする見解が有力化している（中司

41	高椅連縄麻呂	『正倉院文書』五	天平神護 2.10.21
42	吾孫石村	『正倉院文書』五	天平神護 2.10.21
43	国村人	『正倉院文書』五	天平神護 2.10.21
44	葛木安麿	『正倉院文書』五	天平神護 2.10.21
45	五百木部否手	『平城京木簡』	
46	蘇宜部五百公	『正倉院文書』五	天平神護 2.10.21
47	物部稲倉	『正倉院文書』五	天平神護 2.10.21
48	物部国足	『正倉院文書』五	天平神護 2.10.21
49	物部足国	『正倉院文書』五	天平神護 2.10.21
50	物部咋麿	『正倉院文書』五	天平神護 2.10.21
51	物部国持	『正倉院文書』五	天平神護 2.10.21
52	物部小国	『正倉院文書』五	天平神護 2.10.21
53	物部国村	『正倉院文書』五	天平神護 2.10.21
54	日奉安麿	『正倉院文書』五	天平神護 2.10.21
55	日置名取	『正倉院文書』五	天平神護 2.10.21
56	椋橋部真公	『正倉院文書』五	天平神護 2.10.21
57	生部吾寺	『正倉院文書』五	天平神護 2.10.21
58	服部子虫	『正倉院文書』五	天平神護 2.10.21
59	葛原部長濱	『正倉院文書』五	天平神護 2.10.21
60	葛原部石持	『正倉院文書』五	天平神護 2.10.21
61	葛原部豊嶋	『正倉院文書』五	天平神護 2.10.21
62	秦　広足	『平城京木簡』	
63	秦　小田比	『長岡京木簡』	
64	秦　吉万呂	『長岡京木簡』	
65	秦　赤麿	『正倉院文書』五	天平神護 2.10.21
66	秦　佐弥	『正倉院文書』五	天平神護 2.10.21
67	秦倉人麻呂	『正倉院文書』	天平 5

照世「椀貸山・神奈備山両古墳と横山古墳群」前掲）。そしてその北方の旧金津町の丘陵に継続して築造されてきた首長墓が、六世紀初頭以降、急速に大型化して松岡・丸岡両古墳群の首長墓と比肩する規模をもってきており、継体の即位と関連づけて考える見解もみられる（白崎昭一郎「男大迹＝進出の背景」『東アジアの古代文化』三、一九七四年）。それらの点はおくとして、坂井郡域には越前の大首長とも目される有力豪族の奥津城《おくつき》が四世紀後半から六世紀中葉にかけて、継続して営まれていたことは事実であり、六世紀初頭以降、北方の旧丸岡町・旧金津町付近に、それに

比肩する勢力が急速に台頭してきたことが確認できる。そこで次にこれとは別個に、文献史料によって坂井郡の古代豪族の動向をみることにしたい。

まず表4は九世紀以前の坂井郡に居住していたとみられる古代人名の一覧である。居住した郷名の判明するものも比較的多い。粟田《あわた》郷には蘇宜部《そがべ》氏が、荒泊（伯・墓）郷には、三国真人《みくにのまひと》氏・別《わけ》氏・守《もり》氏・高橋 連《たかはしのむらじ》氏・秦氏が、高向郷には品治部公《ほむちべのきみ》氏・山氏が、磯部郡には三国真人氏・荒木臣氏・別氏・物部《もののべ》・五百木部氏などが、長畝《なうね》郷には三国真人氏・日置《ひおき》氏・物部などが、高屋郷には、吾孫氏・丸部氏など、坪江郷は、「越前国司解」にみえず、居住氏族も明らかでないが、福留《ふくろ》郷には海 直《あまのあたい》氏・物部・笠取氏が、海部《あまべ》郷には（三国真人氏）・海直氏・物部・葛原部・尾張氏・梔前氏・日奉《ひまつり》氏・紫守氏・葛木氏・奉氏が、川口郷には三国真人氏・民氏が、堀江郷には別氏・掃守《かにもり》氏・椋橋部《くらはしべ》氏・足羽氏・丹波氏が、余部《あまるべ》郷に秦氏・服部氏がみえる。また『和名類聚抄』にみえない赤江郷には、物部・荒木氏・秦氏・生部氏、国覓《くにまぎ》氏・阿刀《あと》氏などが、桑原駅家には丸部氏、水尾郷には秦倉人氏の居住が知られる。そこで問題となるのは、坂井郡の諸郷が、現在のどの地域に比定されるかという点である。ただこの点について深入りすると、やや煩雑になるので、以下結論的に述べるに留めたい（大橋信弥「三尾君氏をめぐる問題―継体擁立勢力の研究―」前掲）。

図33にあるように、坂井郡の地勢と各郷の配置は、ごくおおまかに次のように理解されるであろう。すなわち坂井郡は東部の山麓部と西部の海岸部、そして九頭竜川右岸微高地に三分され、東部には北

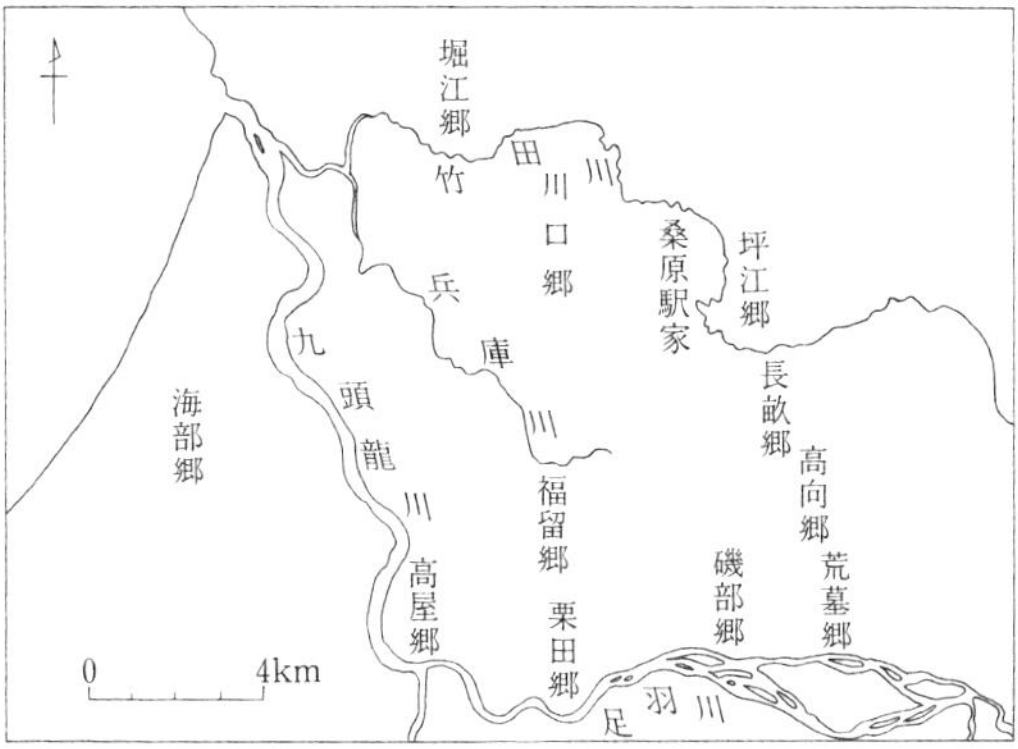

図33　越前国坂井郡の郷配置推定図

から川口郷・桑原駅家（水尾郷）・坪江郷・長畝郷・高向郷・荒泊郷が所在し、西部には堀江郷・余部郷・海部郷などが分布する。九頭竜川右岸の微高地には磯部郷・粟田郷・高屋郷・福留郷などが所在していたと考えられる。これを氏族の分布と対応させてみると、坂井郡の郡領氏族で、中央における地位も高かった三国真人氏の場合その居住地は、荒墓郷・磯部郷・長畝郷・川口郷・海部郷など東部を中心に、一部海岸部に顕著な分布が知られる。また同じく郡領氏族である品治部公氏は、現在のところ山麓部中心の高向郷に居住が知られるほか、隣接する江沼郡山背郷にも居住が確認されている。またもうひとつの郡領氏族である海直氏も、ウジ名ともかかわる海部郷と福留郷における居住が確認され海岸部にその居住の中心があったとみられる。またこのほか、郡司を出す家では荒木臣氏が磯部郷・赤江郷に居住しており、丸部氏も赤江郷・桑原駅家に分布している。

表5は坂井郡の郡司一覧であり、七世紀後半代という限られた期間であるが、その変遷がうかがえる。前後の動向を勘案するなら天平五年の大領はおそらく三国真人氏とみ

表5　越前国坂井郡の郡司一覧

年	大領	少領	（擬）主政	（擬）主帳
天平三（七三一）	外正八位下 三国真人	外正八位下勲十二等 海直大食		
天平五（七三三）		外正八位上勲十二等 海直大食	无位 品遅部広耳	
天平宝字二（七五八）	外正六位上 品治部君広耳			无位 荒木臣叔婆
宝亀十一（七八〇）	外正七位上勲十一等 三国真人浄乗	外従六位上 品治部公	外従七位下 丸部	外大初位上 完人臣

られるし、天平宝字二年の少領も三国真人氏の可能性が高い。したがって本郡における伝統的な譜代の郡領氏族は、やはり三国真人氏を筆頭とすることができよう。さきにみたように三国真人氏は、山麓部の荒墓郷・磯部郷・長畝郷・川口郷と海岸部の海部郷（高串村）などに広く分布し、郡内の中枢に基盤を置いていたことが判明しており、その郡内における広範な勢力を裏付けている。

三国真人氏に次ぐ郡領氏族としては、カバネなどからみても品治部公と海直氏が、該当するとみられる。品治部公は垂仁皇子の品牟都和気命《ほむのわけのみこと》の名代《なしろ》・子代《こしろ》の地方的管掌者とみられ、「上宮記一云」の継体出自系譜にみえる「凡牟都和希王」との関連もうかがえ興味深いが、それは後述するとして、高向郷に本拠をもっていたことともに注目される。品治部公氏の台頭については、郡大領になった広耳の墾田開発とその寄進という精力的な活動もあったとみられるが（岸俊男「越前国東大寺領庄園の経宮」『日本古代政治史研究』塙書房、一九六六年)、それだけではなく在地豪族としての従来からの勢力ももっていたのではなかろうか。

海直氏については、天平三年と同五年の坂井郡少領に大食がみえており、直というカバネからみても、国造の系譜を引く譜代の郡領家であった可能性が高い。またその本拠も、さきにみたように海部郷・福留郷と海岸部にあり、そのウジ名とともに、九頭竜川河口の三国湊を押える有力な豪族であったとみられる。私はそのカバネなどから、『先代旧事本紀《せんだいくじほんぎ》』国造本紀にみえる三国国造がこれにあたるのではないかと考える。国造本紀の三国国造は『越中石黒系図』の所伝と一致し、蘇我氏同祖を主張している。通説では、三国国造を三国君氏にあて、始祖系譜の改変を考えるが(米沢康「振媛の桑梓」『日本古代の神話と歴史』吉川弘文館、一九九二年、舘野和己「越の国々と豪族たち」『新版古代の日本』第七巻中部、角川書店、一九九三年)、成立の新しい『旧事本紀』や『越中石黒系図』が『記紀』より以前の始祖系譜を主張するのも不可思議であって、カバネやその本拠から考えて、海直氏が三国湊の押えとして、大和政権によって早い段階に国造に任命されたのではなかろうか。

以上の検討によって、坂井郡における、有力豪族の配置の輪郭がほぼ明らかにできたと考える。詳細はさらに検討を要するが、郡内で最有力の勢力を保持するのは、東部の山麓部一帯をその基盤とし、一部西部の海岸部にも勢力と伸長させていた三国真人氏とみられる。そして、これに準ずる地位にあるのが同じ山麓部に基盤を置く品治部公氏と、西部の海岸部、わけても九頭竜川河口の三国湊を押え、越の海上交通に深く関与したとみられる海直氏であって、特に後者の海直氏は三国国造として、中央の蘇我臣《そがのおみ》氏とも関係する豪族であり、坂井郡内の首長権は、三国真人氏と海直氏の連携で存立していた可能性が高い。このようにみることが許されるなら、さきに検討した坂井郡における古墳文化の特質と、かかる文献資料に基づく古代豪族のあり方を対比することも可能となろう。すなわち、坂井郡にとどまらず越前において抜きん出た規模をもつ、丸岡・松岡古墳群の首長墓群の被葬者には、郡領氏族の中でもずばぬけた勢力をもっていた三国真人氏の前身氏族に、旧丸岡町・旧金津町の横山古墳群については、海直氏にかかわるとみることができる。しかし、海直氏の墓域が三国・芦原古墳群や、三国の姥ケ谷《うばがたに》古墳（方墳）や福井市免鳥《めんどり》町で発見された、径七一メートルの大円墳（三ヵ所に張り出し部）の免鳥長山古墳などに対応するらしいことから（青木豊昭「継体大王出現前後の動向」『継体大王の謎に挑む』六興出版、一九九一年）、横山古墳群については別に検討が必要となる。その点で丸岡・松岡古墳群の首長墓が、四世紀中葉から六世紀前葉まで、継続して築造され、その埋葬施設の大半が、越前足羽山産の笏谷石製の刳抜式石棺を、直接埋納しているのに対し、横山古墳群のそれは、六世紀初頭以降台頭し、その埋葬施設もいわゆる「畿内」型の横穴式石室を採用し、内部に石屋形を安置するなど、大きな違いが認められることは注目される。したがって、横山古墳群の被葬者については、在地の有力豪族というより、中央とのつながりをもつ、三国公の祖とされる椀子皇子や他の皇子女を考えるのも、一案かと考える。

4　三国真人氏

古墳群と古代豪族の対応関係は、必ずしも厳密に検証できるものではないから、ひとつの仮説とする他ないが、三国真人氏が坂井郡にとどまらない越の大首長であった可能性は、三国という特異なウジ名からも傍証できるのではなかろうか。地名「三国」の由来については、これまでまとまった論及はないが、さきにみた「三国湊」、『延喜式』神名上にみえる三国神社以外には、郡名・郷名としてはみえず、わずかに『書紀』の継体にかかわる所伝において、「三国坂中井」「三国」とみえ、「上宮記」逸文にも、「三国坂井県」「三国……高加牟久村」とあるだけである（米沢康「継体天皇の出身地をめぐる異伝について」『日本古代の神話と歴史』前掲）。「三国坂井県」という表現や、「三国湊」という呼称によるなら、三国が坂井郡より広い範囲の地域名として、かつて存在したこと、越前国の設置によって、公式の名称からは姿を消すことになったのではないかと憶測される。文字通り、三つのクニ、坂井郡を含めた後の郡をいくつか含んだ地域の呼称と考えられ、越前の大半を含む範囲の地域呼称ではなかったか。したがって、そのウジ名に「三国」を負う三国真人氏が、坂井郡を越えた地域の首長の系譜を引いていた可能性は高いと考える。

そこで次に、三国真人氏の動向を、継体の即位事情との関連で、いま少し検討してみたい。結論的にいって私は、三国真人氏こそ継体の母振媛の出身氏族であり、そのことによって三国真人氏は中央にも進出することになり、天武朝で真人を賜姓されたと考えている。すなわちさきに詳しく検討を加えたように振媛の出身氏族は後の越前国坂井郡高向郷に本拠を置く豪族であって、その母は坂井郡に隣接する江沼郡の豪族江沼臣氏の出身であった。したがって現存する文献資料により復元されるこの地域の有力豪族は、三国真人氏と品治部公氏の二氏のいずれかとせざるを得ないのである。そうした場合高向郷に居住が確認され、しかも江沼郡にも分布の知られる品治部公氏こそ、その第一候補と考えられてしかるべきであろう。実は私は品治部公氏は三国真人氏の本姓であって、品治部公氏の本宗が、ある時点に三国真人氏を称することになり、その一族が旧姓を継承したと考えている。ただこのことは一個の憶測であって、史料的裏付けをもって証明することは、きわめて困難ではある。ただ若干の手がかりは残されている。そのひとつは品治部公というウジ名にかかわるものである。さきにも少しふれたように、品治部とは誉津部ともみえ、垂仁皇子本牟智和気命の名代・子代である。品治部公氏はその地方的な管掌者とみられる。したがって品治部公氏の出自系譜は全く伝わらないが、垂仁ないしその皇子を始祖とする所伝を保持していた可能性が高いと考える。そうした場合振媛の出自が垂仁天皇七世孫としている点と細部はともかく一致することは無視し得ないと考える。

一方、三国真人氏の始祖系譜については、全く異なる二つの所伝がみとめられる。すなわち『古事記』応神天皇段のいわゆる若野毛二俣王系譜には、意富富杼王《おほほどのおおきみ》後裔氏族の筆頭に三国君の名がみえる。周知のようにこの系譜は息長氏の始祖系譜としても著名なものであるが、一方では天武八姓の真人賜姓氏族との関連も指摘されており、三国君氏も継体との関連で、おそらく天武朝ごろ意富富杼王の後裔を主張していたとみられる（大橋信弥『日本古代国家の成立と息長氏』吉川弘文館、一九八四年）。これに対し『書紀』は、継体妃で三尾君堅槭《かたひ》の女倭媛の生んだ二男二女のうち、第二子の椀子皇子を「是三国公先也」とし、『新撰姓氏録』左京皇別・右京皇別・山城国皇別も三国真人について「継体皇子椀子王之後也」としており、三尾君腹の継体皇子をその始祖としている。実はかかる始祖系譜のあり方は、同じ意富富杼王後裔氏族である酒人君・坂田君にもみえるもので、政治的色彩の濃い『古事記』のそれに比較して氏族本来の主張である可能性が高い。ただ、酒人君・坂田君は近江国坂田郡の、三国君は越前国坂井郡に本拠を置く在地豪族であるから、これらの諸皇子が実質的に始祖となったのではなくしてあくまで擬制的なものとみられ、何らかの事情によって、継体皇子を自家の養嗣子として迎えることにより、皇親の列につらなろうとしたのではなかろうか（山尾幸久『日本古代王権形成史論』前掲）。そして三国をウジ名とすることを許されなかった傍系の一族は、従前の職掌を体現した品治部公氏を称することになったのではないか。そしてその事情こそ、三国真人前身氏族出身の振媛所生の継体が、大和政権の大王となったことであったと思うのである。

　継体朝以降の三国君氏の動向は、詳しくはわからない。系譜記事を除けばその初見は『書紀』大化五年三月二十四日条にみえる三国麻呂公である。この時麻呂は大伴狛連《おおとものこまのむらじ》・穂積嚙臣《ほづみくいのおみ》とともに、孝徳天皇の命により蘇我倉山田麻呂大臣のもとに派遣され、叛意の有無をただしており、大化新政権の議政官的立場にあったことがうかがえる。麻呂は翌白雉《はくち》元年二月十五日条にもみえ、穴戸《あなと》国司の献上した白雉《しろきぎす》の瑞賀の儀にあたって、猪名公高見《いなのきみたかみ》・三輪君甕穂《みかほ》・紀臣乎麻呂岐太《きのおみおまろきだ》とともに雉の輿をかいて殿に入場、左右大臣が輿の前をかき、後を伊勢王・倉臣小屎《おくそ》とともにかいて、天皇の御前にすすめている。ここでも麻呂は左右大臣につぐ近臣として活動しており、すでに天武朝における皇親の立場を先取りしたあり方といえよう。真人賜姓後の初見である『書紀』天武十四年九月十八日条では、天皇が王卿らを大安殿に召して「博戯」をさせたことがみえ、それにかかわって、宮処《みやところ》王・難波王・竹田王・大伴宿禰御行《すくねみゆき》・多朝臣品治《おおのあそんほむち》・藤原朝臣大嶋らとともに御衣袴を賜わったとある。その順位は諸王の次となっており、天武八姓の序列が敷衍されている。ただその後の三国真人氏は従五位下まで昇叙したものが何人かみえるが、正五位上を昇叙されたのは、『続日本紀』養老四年正月十一日条などにみえる三国真人人足のみであって、議政官を出すことはなかった（高島正人「奈良時代の議政官と補任氏族」『奈良時代諸氏族の研究』吉川弘文館、一九八三年）。

以上のように三国君氏は、すでに孝徳朝段階において、大和政権の中枢に一定の地位を得ており、天武朝以降も議政官こそ出すことはなかったが、その主流は中央にあって中・下流官人として活躍している。したがって三国君は、天武朝になって突然中央に足場を持ったのではなく、史料にはみえないが、継体朝以降、大和政権に登用されるものも、徐々に生じていた可能性が高い。そして一方、三国真人氏は、越前国坂井郡においても、かつての勢力を保持し、律令国家成立以降は、譜代の郡領氏族として、在地支配を形をかえて存続していたのである。そしてこうしたあり方は、第三章で取り上げる息長氏の動向と一致するところが多く興味深い。したがって、越前坂井の地方豪族三国君氏は、振媛の生んだ継体が大王位についたことにより、大王家の母族として、中央への進出の契機を得、継体皇子を自家の始祖に迎えて、皇親氏族としての立場を強化しようとしたのであろう。

5 復元三尾氏系図と振媛系譜の形成

先にみたように、米沢康氏は、振媛系譜と『書紀』垂仁三十四年三月二日条、同景行四年二月十一日条や『先代旧事本紀』国造本紀の加我国造・羽咋国造などにみえる三尾君氏に始祖系譜がほぼ一致するところから、振媛の系譜は三尾君氏の系譜であって、振媛は当然三尾氏に出自するとされている。水谷氏も先にみたように、前半部は三尾氏の系譜で、後半部は余奴氏の系譜とし、振媛は三尾氏の出身とする。しかし振媛の出身氏族については、右に詳しく検討を加えたように、越前坂井の最有力豪族三国氏と考える。そうした場合振媛の系譜と三尾氏の系譜は、どのように理解できるのであろうか。

周知のように三尾氏は、継体の擁立に重要な役割を果したにもかかわらず、少なくとも天武朝ころには、中央政界から姿を消し、いわゆる天武八姓においても、全く対象にされた形跡はなく、おそ

図34　復元三尾氏系図

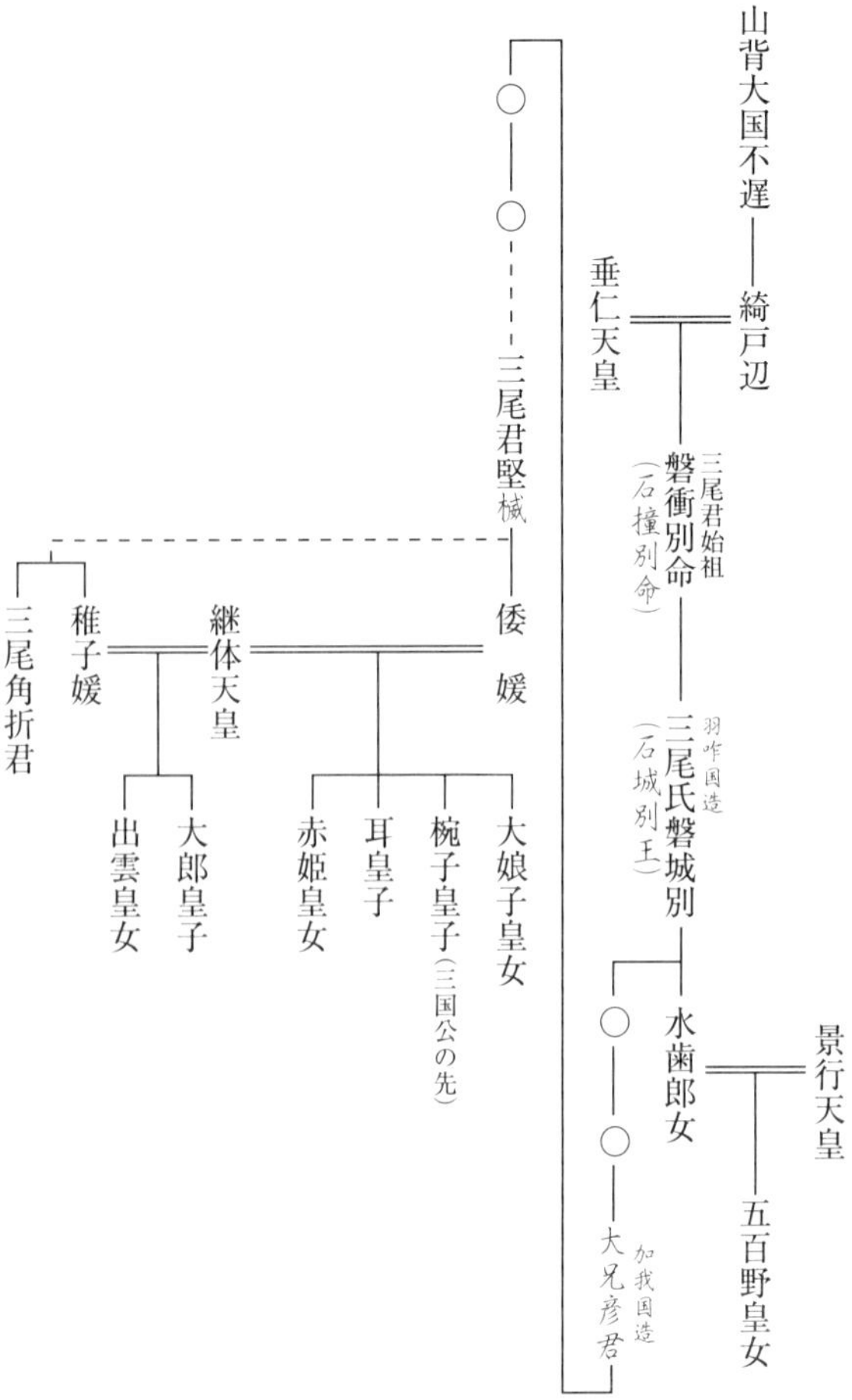
山背大国不遅
綺戸辺
垂仁天皇
三尾君始祖
磐衝別命
(石撞別命)
羽咋国造
三尾氏磐城別
(石城別王)
水歯郎女
景行天皇
五百野皇女
加我国造
大兄彦君
三尾君堅楲
倭媛
継体天皇
大娘子皇女
椀子皇子
(三国公の先)
耳皇子
赤姫皇女
稚子媛
大郎皇子
出雲皇女
三尾角折君

らく壬申の乱において、近江朝廷に荷担し失脚したとみられる。したがってその系譜については、まとまったものはなく断片的に残された系譜から復元するほかない。そこで、いくつかの史料からやや大胆に復元したのが図34である。

三尾氏に関わる系譜記事は、『書紀』に三ヵ所、『先代旧事本紀』国造本紀に一ヵ所みえる（『古事記』に一ヵ所）。『書紀』垂仁三十四年三月一日条にみえる三尾君始祖磐衝別命《いわつくわけのみこと》と、同景行四年二月十一日条の三尾氏磐城別《いわきわけ》とは、それぞれ『先代旧事本紀』国造本紀の羽咋国造の系譜にみえる、石撞別命・石城別王父子と同一人物とみられるから、親子関係が復元される。また『先代旧事本紀』国造本紀の加我国造の系譜も、「石城別王の曾孫大兄彦命を加我国造」にしたとあるから、『書紀』の磐城別の系譜に接続する。ただ、『書紀』継体元年三月一日条の継体妃に関わる系譜は、独立した所伝であって、三尾君堅楲と三尾角折君父子に接続する系譜は判明しない。詳細は判明しないが、本来まとまった氏族系譜が存在した可能性は高い。これも三尾氏のかつての勢威を示すものであろう。

いっぽう振媛の始祖系譜については、先に詳しく検討したように、用字や型式から大きくは前半部と後半部に分類される。そして後半部については、振媛が本来もっていた系譜とすべきであろう。前半部は後半部と明らかに異質であり、諸氏が指摘されるように、振媛の家に本来伝わった系譜ではなく、後に接木されたものとみられる。そして三尾君氏の始祖系譜と一致するのは前半部分に限定され、継体の父祖以来の支持勢力で、継体の外戚としてその即位にも大きな力のあった三尾君氏の始祖系譜を借用する形で、継体の母族としての過去を飾ろうとしたのではないだろうか。

すなわち先にみたように、振媛の出身氏族は『書紀』「上宮記一云」の記事により、越前国坂井郡三国の豪族とみられ、後の坂井郡の郡領氏族三国君（真人）と考える。三国君はおそらく継体の即位にあたって、その母族として大きな役割を果たし、その後中央に進出しそれなりの地位を得ていた可能性が高い。その一つの帰結が天武八姓における真人の賜姓であろう。周知のように、『古事記』は、いわゆる若野毛二俣王の系譜において、息長氏などとともに、意富富杼王の後裔氏族としているが、『書紀』は、三尾腹の継体妃倭媛が生んだ椀子皇子を、「三国公之先」とする異伝を載せている。そして、『古事記』の所伝が、後世の天武八姓を背景として構想されたことは明らかであるから（上田正昭「氏族系譜の成立」『日本古代国家成立史の研究』青木書店、一九五九年）、『書紀』の所伝がオリジナルなものと考えられる。したがって先にみたように、『書紀』の所伝は、振媛の母族である三国氏が、継体皇子を養子に迎えることにより、母族としてのステータスを高めようとしたものと考える。

また、三国という呼称が坂井郡をこえた広い地域を含む地名とみられるところから、越前の大首長として、新しく許されることになったウジ名であり、その本姓は、同じ坂井郡の郡領氏族である品治部君氏ではなかったかと憶測した。それは、その氏名に負う品治部が、垂仁天皇の皇子品治別皇子の名代・子代であり、品治部君氏はその地方的伴造《とものみやつこ》とみられる。したがって、その始祖系譜も垂仁天皇の皇子品治別皇子に関わる可能性が想定され、それは垂仁天皇七世孫を自称する振媛の出身氏族と対応するからである。

このように振媛の出身氏族の持っていた本来の系譜が、垂仁天皇に関わるものであったとするなら、もともと三尾氏と三国氏は共通した系譜をもっていた可能性が高いのではなかろうか。三尾氏と三国氏が継体の父の代から、親密な関係にあったことは、彦主人王と振媛の結婚に至る経緯や、越前で成長した継体がその最初の妃として、三尾氏の娘たちを迎えたことからも、間違いないところであろう。そして、ここからは全く憶測であるが、同じ垂仁に関わる系譜をもつ三尾氏と三国氏が、継体との関わりの中で、より親密な関係をもつことになり、しかも三尾腹の皇子を始祖とすることになった三国氏が、それを契機として、形成途上にあったその始祖系譜を整備するため、三尾氏の所持していた系譜を借用する形で増補した可能性はかなり高いと考える。また同じく越地域の有力豪族、加我国造や羽咋国造が、三尾氏と同祖を主張し、同じ始祖系譜を保持していたことは、越地域の豪族と近江高島の三尾氏の早くからの交流を物語るもので、越地域の豪族にとって、三尾氏と同じ系譜をもつことが、一つのステータスとなっていたのではなかろうか。三尾氏は応神五世孫を称する継体と結ぶことによって、近畿中枢と北陸道諸国をつなぐルートの結節点である近江高島を押さえ、両地域の交流を推進することにより、大きな勢力を築いたと考えられる。

したがってこのように考えることができるなら、振媛の生んだ継体が、いくつかの偶然と、多くの幸運により、大王の地位につくことにより、その母族であった三国（品治部）氏は、このような新しい事態に対応するため、継体皇子を養子とすることをはじめ、多くの努力を払うことになったとみられるが、その過程で古くから交流を深めていた、三尾氏の系譜を活用して、その始祖系譜を整備することになったのではなかろうか。

おわりに

五世紀後半から六世紀にかけて、大和政権内部では王位をめぐって大きな変動があり、近江で生まれ、越前で育った傍系の「王族」と考えられる継体が、近江・越前に加え美濃・尾張という、近畿の東北部の諸勢力を基盤に、新しい王朝を樹立した。このような事態が実現した背景には、これより以前から形成されていた、広い地域間における、政治的・経済的・文化的な交流圏の存在が推定される。とくに近江と越前については、近江高島の三尾別業にいた彦主人王が、越前三国の豪族の娘を妻に迎えた背景として、彦主人王の三尾別業の経営を支えていた、近江高島の三尾氏と、三国の豪族三国氏の、これ以前に遡る密接な繋がり・交流を窺わせるし、彦主人王の死後、母に伴われて三国に帰り、その地で育った継体が、最初の后妃として三尾氏の娘二人を入内させていることも、こうした近江高島と越前三国の、長い交流を示していると考える。

別に詳しく検討したように、継体の父彦主人王の本拠は、近江や越前ではなく、継体陵とされる今城塚古墳の所在する、摂津三島付近の可能性が高く、今城塚古墳に先行する大王墓クラスの前方後円墳、大田茶臼山古墳こそ彦主人王の墳墓と考えている（大橋信弥「日継知らす可き王無し―継体大王の出現―」平成十五年度春季特別展図録『日継知らす可き王無し―継体大王の出現―』滋賀県立安土城考古博物館、二〇〇三年―本書第一章）。それはそれとして、こうした継体をめぐる諸勢力のあり方から、大和・河内・摂津などの後の「畿内」とその周辺に拠点を構えていた、王統につながる一族が、各地の地方勢力と結び、その政治的・経済的立場を強化していた様相が浮かび上がってくる。

大王権力の超越化がすすむなかで、これとは別個に、北部九州の筑紫君磐井にも見られたような、地域勢力の統合・広域化が台頭していたとみられる。継体擁立勢力もそのひとつであって、それが傍系とはいえ有力な「王族」と結ぶことにより、大王を推戴するまでの力量を積み上げていたのである。継体以降の大和政権が、国造制・ミヤケ制・部民制など政治機構の整備・改編をすすめ、中央官制の強化・再編（オオオミ―マエツギミ制）を行ったのは、五世紀の王権が内在していた、こうした豪族連合的な政権構造を克服して、王権の強化・権力の集中を図ろうとしたことを示している。その過程で、継体即位に大きな力を発揮した、近江・越前・美濃・尾張の広域にめぐる交流圏は、しだいに大和政権の統制下に吸収・統合され、自立性を失うことになったとみられる。ただ王権による統制下にならなかった各種の交流は、その後も多様な展開を示したとみられる。

三　継体朝の成立と息長氏

はじめに

息長《おきなが》氏は、古代史上かつてそれほど大きく注目される存在ではなかったが、継体朝の成立を、古代国家の成立をめぐる議論の中で大きな画期とする見方が深まり、また継体朝を新王朝とし、その出自を息長氏とする学説の登場もあって、大きく脚光を浴びるところとなった。ただその議論の多くは、論究に慎重を期すべき『記紀』の系譜・伝承の検討を中心になされており、論議の余地を残すものであった。そうした中で軽視されていたのは、息長氏が近江坂田に本拠を置く地方豪族であり、その在地での動向を抜きに、議論が先行していることであった。ただ中央の豪族でさえその実像に迫ることは、大変困難な時期であるから、まして地方豪族の実像を詳しく追求することは、史料的にもさらに困難な状況が横たわっている。そこで小論では、まず坂田郡における息長氏のあり方を検討した上で、継体朝の成立と息長氏の動向について、考えることにしたい。

1 坂田郡の古代豪族と息長氏

近江国と坂田郡　律令時代の近江国は東山道に属し、一二の郡からなる大国で、坂田郡には『和名《わみょう》類聚抄《るいじゅしょう》』によると、大原・長岡・上坂・下坂・細江・朝妻・上丹《かみつにう》・阿那の八つの郷があった。そしてこのほかにも駅家郷がみえるが、『和名類聚抄』の古い写本である高山寺本にはみえないのでここでは除外している。そしてこのほか近年発見された平城京「二条大路木簡」により下入（丹）郷の存在も明らかになっている（『平城宮発掘調査出土木簡概報（二十二）―二条大路木簡一―』奈良国立文化財研究所、一九九〇年、『平城宮発掘調査出土木簡概報（二十四）―二条大路木簡二―』奈良国立文化財研究所、一九九一年）。大宝令で定められた里制は、霊亀元年（七一五）に郷里制に改訂され、従来の里を郷とし、郷の下に里（こざと）が設けられている。さきの「二条大路木簡」から、上坂郷に野家里・有羅里・沼多里などの存在が明らかになった。

これらの郷の所在地については、必ずしも明らかでないが、まず大原郷は中世に大原庄という荘園があり、旧伊吹町（現米原市、以下同じ）の南半と旧山東町の北半に比定される。長岡郷についても現在近江長岡という地名があるので、そこを中心とする地域が一応考えられる。つぎに上坂郷については、これも現在の長浜市上坂町に遺称地あり、その周辺と考えられる。細江郷・下坂郷についても、遺称地が残っており、それぞれ旧びわ町（現長浜市）と長浜市下坂町の周辺に比定することが出来よう。朝妻郷については、現在も旧米原町に地名が残っており、朝妻湊のある湖辺に比定される。上丹郷・下丹郷についても、米原市に上丹生・下丹生という遺称地があり、ほぼ比定できる（『滋賀県の地名』日本歴史地名大系二五、平凡社、一九九一年）。ただ阿那郷については遺称地も認められず、いくつかの説が出されており、今のところ確定できていない。

図35　坂田郡の郷

また坂田郡は、川とか山とか自然地形により、南北に大きく二分される。一つは坂田郡の北部で、現在の長浜市を中心とする地域である。姉川の左岸に広い平野が形成され、この地域に多くの前方後円墳がつくられている。一方、坂田郡の南部は天野川の下流域で、旧近江町・旧米原町・旧山東町というひとまとまりの地域が確認できる。旧伊吹・山東町域を含む、横山丘陵の東に位置する地域を、天野川流域とみるか、姉川の流域とみるかという点であるが、自然地形の区分からみるなら、両河川の源流はこの地域に求められ、南北に二分せざるを得ない。後の歴史的な展開などからみた場合、どちらかといえば天野川流域とのつながりがより強固であると考えられる。したがって、郷名でみるなら上坂・下坂・細江の三つの郷が北部地域に、朝妻・上丹・阿那・大原・長岡の五郷が南部地域となり、南部地域はさらに、朝妻・上丹・阿那の三郷と大原・長岡の二郷に二分される。そこで次に、このような地域区分に基づいて、そこにおける古代の住民のあり方を考えていきたい。

坂田郡の古代人名　表6は坂田郡に居住した、古代、つまり平安時代以前の住民の名前を網羅したものである。一番左に人名があり、二列目に出典、三列目に年紀、四列目にその人の居住地と身分、五列目に当時の官位または年齢、六列目にその史料の内容の一部、七列目にその年紀に対応する西暦ないし世紀を記している。これらの人々については、一部を除いて居住していた郷名が確認され、およそ坂田郡内における主要な古代豪族の分布を知ることができる。この表の出典欄からも明らかなように、近年相ついで発見された平城京「長屋王家木簡」と「二条大路木簡」により、坂田郡に居住する古代豪族の動向が、飛躍的に明らかになった（『平城宮発掘調査出土木簡概報（二十二）―二条大路木簡一―』前掲、『平城宮発掘調査出土木簡概報（二十四）―二条大路木簡二―』前掲）。とくに後者に含まれる庸米荷札には、詳しい居住地が記載されており、重要な事実が明らかになっている。またこの表はいちおう最初に律令国家により郡司に任じられる氏族をあげ、次いでそれに準ずるとみられる在地の豪族、そして隣国ないし他国より移住したとみられる人々、明らかに渡来系氏族とみられるもの、部姓を称する人々という順序であげている。

出身・身分	官　位	記　事	年
上丹郷　堅井国足戸口		(「近江国坂田郡司解婢売買券」)	747
寺使　春宮舎人		(「近江国坂田郡司解婢売買券」)	747
証人	少初位上	(「近江国坂田郡司解婢売買券」)	747
長岡郷戸主秦富麻呂妻		(「近江国坂田郡長岡郷長解」)	823
坂田郡大領		(「近江国坂田郡長岡郷長解」)	823
坂田郡副擬大領	従七位上	(「近江国坂田郡大原郷長解」)	823
坂田郡副擬少領		(「近江国坂田郡横川駅長解」)	833
筑摩御厨長		再任　長保 2.正.19まで在任	995
(坂田郡人)		美濃から近江に入り宿泊	1020
坂田郡女人		深く阿弥陀仏に帰依	
上坂郷戸主		庸米荷札	8世紀
坂田郡大領	正八位上	(「近江国坂田郡司解婢売買券」)	747
坂田郡少領	外従八位上	(「近江国坂田郡大原郷長解」)	832
坂田郡上坂郷長		(「近江国坂田郡上坂郷長解」)	762
坂田郡上坂郷戸主		庸米荷札	8世紀
坂田郡上坂郷戸主		庸米荷札	8世紀
坂田郡上坂郷綱丁		(「近江国坂田郡上坂郷長解」)	762
坂田郡上坂郷綱丁		(「近江国坂田郡上坂郷長解」)	762
坂田郡大原郷人		(「近江国坂田郡大原郷長解」)	819
坂田郡上坂郷戸主		庸米荷札	8世紀
上坂田郷野家里戸主		庸米荷札	8世紀
	年八	庸米荷札	8世紀
上坂郷有羅里戸主		庸米荷札	8世紀
坂田郡人		賜姓朝臣	765
坂田郡人		賜姓朝臣	765
坂田郡人		賜姓朝臣	765
坂田郡人		賜姓朝臣	765
長岡郷保戸主		(「近江国坂田郡長岡郷長解」)	823
長岡郷		庸米荷札	8世紀
坂田郡人		淨原臣に改姓	782
坂田郡擬少領	大初位下	(「近江国坂田郡大原郷長解」)	832
上坂郷戸主		庸米荷札	8世紀
上坂郷戸主		庸米荷札	8世紀
上坂郷戸主		庸米荷札	8世紀
上坂郷戸主		庸米荷札	8世紀
坂田郡大原郷長		(「近江国坂田郡大原郷長解」)	832
坂田郡横川駅家戸主		(「近江国坂田郡横川駅家長解」)	835
坂田郡擬主政	大初位下	(「近江国坂田郡大原郷長解」)	832
坂田郡副擬主政	大初位下	(「近江国坂田郡大原郷長解」)	832
坂田郡上丹郷戸主		(「近江国坂田郡司解婢売買券」)	747
坂田郡長岡郷保戸主		(「近江国坂田郡長岡郷長解」)	823
坂田郡長岡郷保戸主		(「近江国坂田郡長岡郷長解」)	823

表6　坂田郡の古代人名一覧

番号	氏　　名	出　　典	年　　紀
1	息長真人真野売	『正倉院文書』九	天平19.12.22
2	息長真人刀禰麿	『正倉院文書』九	天平19.12.22
3	息長真人忍麿	『正倉院文書』九	天平19.12.22
4	息長秋刀自女	『平安遺文』一	弘仁14.12. 9
5	息長真人（某）	『平安遺文』一	弘仁14.12. 9
6	息長真人福麿	『平安遺文』一	天長 9. 4.25
7	息長真人（某）	『平安遺文』一	天長10. 2.30
8	息長光保	『権記』	長徳元.12.24
9	おきながといふ人	『更級日記』	寛仁 4.11
10	息長氏	『日本往生極楽記』	
11	坂田酒人真人乙刀麻呂	『平城京二条大路木簡』	
12	坂田酒人真人新良貴	『正倉院文書』九	天平19.12.22
13	坂田酒人真人広公	『平安遺文』一	天長 9. 4.25
14	坂田酒人公田狭	『正倉院文書』二十五	天平宝字 6. 8.18
15	酒人真人色渕	『平城京二条大路木簡』	
16	酒人公諸土	『平城京二条大路木簡』	
17	酒人吉公	『正倉院文書』二十五	天平宝字 6. 8.18
18	酒人長人	『正倉院文書』二十五	天平宝字 6. 8.18
19	酒人広日佐	『平安遺文』八	弘仁10. 2.16
20	坂田真人須我而	『平城京二条大路木簡』	
21	坂田真人茜麻呂	『平城京二条大路木簡』	
22	坂田真人雲麻呂	『平城京二条大路木簡』	
23	坂田　老	『平城京二条大路木簡』	
24	粟田臣乙瀬	『続日本紀』	天平神護元. 3
25	粟田臣真瀬	『続日本紀』	天平神護元. 3
26	粟田臣斐太人	『続日本紀』	天平神護元. 3
27	粟田臣池守	『続日本紀』	天平神護元. 3
28	粟田人勝	『平安遺文』一	弘仁14.12. 9
29	（粟田□本）志□	『平城京二条大路木簡』	
30	比瑠臣麻呂	『続日本紀』	延暦元.12.10
31	比瑠臣藺継	『平安遺文』一	天長 9. 4.25
32	比流伊吹	『平城京二条大路木簡』	
33	比流酒人万呂	『平城京二条大路木簡』	
34	比流足人	『平城京二条大路木簡』	
35	比流友足	『平城京二条大路木簡』	
36	敢臣広主	『平安遺文』一	天長 9. 4.25
37	敢（某）	『平安遺文』一	承和 2. 2.10
38	春日臣（某）	『平安遺文』一	天長 9. 4.25
39	穂積臣（某）	『平安遺文』一	天長 9. 4.25
40	堅井国足	『正倉院文書』九	天平19.12.22
41	軽我孫吉長	『平安遺文』一	弘仁14.12. 9
42	軽我孫広吉	『平安遺文』一	弘仁14.12. 9

坂田郡長岡郷戸主		(「近江国坂田郡長岡郷長解」)	823
坂田郡少領	外従八位上	(「近江国坂田郡司解婢売買券」)	747
坂田郡副主政		(「近江国坂田郡長岡郷長解」)	833
坂田郡横川駅家戸主	大初位下	(「近江国坂田郡横川駅家長解」)	833
坂田郡横川駅家戸口		(「近江国坂田郡横川駅家長解」)	823
坂田郡横川駅家戸主		(「近江国坂田郡横川駅家長解」)	835
坂田郡人		京三条三坊に貫付	843
坂田郡人		京三条三坊から母に従い帰郷	843
坂田郡横川駅家戸口	大初位下	(「近江国坂田郡横川駅家長解」)	835
坂田郡横川駅家福成妹		(「近江国坂田郡横川駅家長解」)	835
坂田郡横川駅家福成妹		(「近江国坂田郡横川駅家長解」)	835
坂田郡上坂郷戸主		庸米荷札	8世紀
坂田郡上坂郷戸主		庸米荷札	8世紀
坂田郡上坂郷戸主		庸米荷札	8世紀
坂田郡主帳		(「近江国坂田郡長岡郷長解」)	823
坂田郡上坂郷戸主		庸米荷札	8世紀
坂田郡上坂郷		庸米荷札	8世紀
尺太郡穴里		庸米荷札	8世紀
□田郡長岡里		庸米荷札(藤原宮内裏西外郭西側南北溝)	7世紀
上坂郷		庸米荷札	8世紀
上坂田郷戸主		庸米荷札	8世紀
上坂郷戸主		庸米荷札	8世紀
坂田郡人		肥料としての畜糞の利用開始説話	664
上坂田郷沼多里戸主		庸米荷札	8世紀
坂田郡上坂郷鋼丁		(「近江国坂田郡上坂郷長解」)	762
坂田郡上坂郷戸主		庸米荷札	8世紀
坂田郡上坂郷戸主		庸米荷札	8世紀
坂田郡主帳	外大初位下	(「近江国坂田郡司解婢売買券」)	747
坂田郡人		志賀忌寸に改姓	782
坂田郡旦女里		庸米荷札	8世紀
		(米原町下定使所在)	8世紀
坂田郡少領		(「近江国坂田郡長岡郷長解」)	823
坂田郡大領	外正七位下	(「近江国坂田郡大原郷長解」)	836
坂田郡人		穴太村主から志賀忌寸に改姓	782
坂田郡主政	外大初位下	(「近江国坂田郡大原郷長解」)	832
		(米原町筑摩所在)	9世紀
坂田評歌里人		庸米荷札	7世紀
		(米原町上多良所在)	10世紀
坂田郡下入里		庸米荷札	8世紀
坂田郡主政		(「近江国坂田郡長岡郷長解」)	823
坂田郡横川駅家長		(「近江国坂田郡横川駅家長解」)	835
坂田郡大原郷人		(「近江国坂田郡大原郷長解」)	819
坂田郡大原郷戸主		(「近江国坂田郡大原郷長解」)	819

43	軽我孫継人	『平安遺文』一	弘仁14.12. 9
44	中臣嶋足	『正倉院文書』九	天平19.12.22
45	湯坐連（某）	『平安遺文』一	弘仁14.12. 9
46	山前連魚麿	『平安遺文』一	天長10. 2.30
47	山前連広継	『平安遺文』一	天長10. 2.30
48	山前（某）	『平安遺文』一	承和 2. 2.10
49	尾張連継主	『続日本後紀』	承和10.正.25
50	尾張連秋成	『続日本後紀』	承和10.正.15
51	小長谷造福成	『平安遺文』一	承和 2. 2.10
52	小長谷造大刀自女	『平安遺文』一	承和 2. 2.10
53	小長谷造真大刀自女	『平安遺文』一	承和 2. 2.10
54	玉祖王名恵	『平城京二条大路木簡』	
55	史造忍勝	『平城京二条大路木簡』	
56	県主老	『平城京二条大路木簡』	
57	鳥次惟成	『平安遺文』一	弘仁14.12. 9
58	薮田公虫麻呂	『平城京二条大路木簡』	
59	酒波今麻呂	『平城京二条大路木簡』	
60	大伴志伊	『平城京二条大路木簡』	
61	道守奈加麻呂	『藤原史料一』	
62	阿刀老	『平城京二条大路木簡』	
63	蜊江安麻呂	『平城京二条大路木簡』	
64	木椅万呂	『平城京二条大路木簡』	
65	小竹田史身	『日本書紀』	天智 3.12
66	大寸直□月	『平城京二条大路木簡』	
67	大村白麻呂	『正倉院文書』二十五	天平宝字 6. 8.18
68	□□直身成	『平城京二条大路木簡』	
69	□□下老	『平城京二条大路木簡』	
70	穴太村主麻呂	『正倉院文書』九	天平19.12.22
71	穴太村主真広	『続日本紀』	延暦元.12.10
72	穴太主寸□	『平城京長屋王家木簡』	
73	穴太□	下定使遺跡出土墨書土器	
74	穴太村主牛養	『平安遺文』一	弘仁14.12. 9
75	穴太村主牛刀自□	『平安遺文』一	承和 3. 3.24
76	志賀忌寸真広	『続日本紀』	延暦元.12.10
77	志賀忌寸（某）	『平安遺文』一	天長 9. 4.25
78	郡	筑摩御厨跡遺跡墨書土器	
79	錦織主寸大分	『飛鳥京跡苑池遺構出土木簡』	
80	錦□（谷カ）	入江内湖遺跡墨書土器	
81	文首魚万呂	『平城京二条大路木簡』	
82	文忌寸（某）	『平安遺文』一	弘仁14.12. 9
83	文部麿	『平安遺文』一	承和 2. 2.10
84	秦持古羊	『平安遺文』一	弘仁10. 2.16
85	秦浄継	『平安遺文』一	弘仁10. 2.16

坂田郡大原郷戸口		(「近江国坂田郡大原郷長解」)	819
坂田郡大原郷有伍倍親		(「近江国坂田郡大原郷長解」)	819
坂田郡大原郷有伍倍親		(「近江国坂田郡大原郷長解」)	819
坂田郡大原郷保戸主		(「近江国坂田郡大原郷長解」)	819
坂田郡長岡郷人		(「近江国坂田郡長岡郷長解」)	823
坂田郡長岡郷人富麿父		(「近江国坂田郡長岡郷長解」)	823
坂田郡長岡郷人富麿弟		(「近江国坂田郡長岡郷長解」)	823
坂田郡横川駅家戸主		(「近江国坂田郡横川駅家長解」)	835
坂田郡大原郷保戸主		(「近江国坂田郡大原郷長解」)	836
坂田郡大原郷保戸主		(「近江国坂田郡大原郷長解」)	836
坂田郡横川駅家戸主		(「近江国坂田郡横川駅家長解」)	835
坂田郡横川駅家戸主		(「近江国坂田郡横川駅家長解」)	835
坂田郡横川駅家戸主		(「近江国坂田郡横川駅家長解」)	835
坂田評長岡里		庸米荷札(下ツ道東側溝出土)	8世紀
長岡郷塩野		庸米荷札	8世紀
坂田郡上坂郷戸主		庸米荷札	8世紀
坂田郡横川駅家戸口		(「近江国坂田郡横川駅家長解」)	833
坂田郡横川駅家縄公妹		(「近江国坂田郡横川駅家長解」)	833
坂田郡大原郷戸主		(「近江国坂田郡大原郷長解」)	819
坂田郡上坂郷戸主		庸米荷札	8世紀
坂田郡長岡郷長		(「近江国坂田郡長岡郷長解」)	823
上丹郷息長真人真野売婢	(三十三歳)	(「近江国坂田郡司解婢売買券」)	747
上丹郷息長真人真野売婢	(十一歳)	(「近江国坂田郡司解婢売買券」)	747

息長氏・坂田酒人氏とその一族　そこでまず、息長氏の一族で、居住する郷の名が判明するのは、息長真人《まひと》真野《まの》売《め》という女性で、上丹郷に居住することが確認される。もう一人は、息長秋《あき》刀自《とじ》女《め》という女性で、長岡郷の人としてみえている。二人以外の人たちは、郡司とか御厨長《みくりやのおさ》など当時の坂田郡の役人で、坂田郡に居住していたことは確実であるが、郷名までは特定することはできない。息長氏に関してはこれらの史料で見る限り上丹郷・長岡郷という、坂田郡南部地域に居住することが確認できる。

そしてこの表には見えないが、坂田郡南部には息長氏の一族とみられる息長丹生《にう》氏や息長山田氏も居住していたと考えられる。すなわち息長丹生氏については、坂田郡における

86	秦有伍倍	『平安遺文』一	弘仁10. 2.16
87	秦美佐米	『平安遺文』一	弘仁10. 2.16
88	秦継麻呂	『平安遺文』一	弘仁10. 2.16
89	秦縄手	『平安遺文』一	弘仁10. 2.16
90	秦富麿（富麻呂）	『平安遺文』一	弘仁14.12. 9
91	秦永寿	『平安遺文』一	弘仁14.12. 9
92	秦長種	『平安遺文』一	弘仁14.12. 9
93	秦仲麿	『平安遺文』一	承和 2. 2.10
94	秦広雄	『平安遺文』一	承和 3. 3.24
95	秦酒田万□	『平安遺文』一	承和 3. 3.24
96	秦（某）	『平安遺文』一	承和 2. 2.10
97	秦（某）	『平安遺文』一	承和 2. 2.10
98	秦（某）	『平安遺文』一	承和 2. 2.10
99	秦人□人	『藤原京右京五条木簡』	
100	（秦諸）□	『平城京二条大路木簡』	
101	建部広足	『平城京二条大路木簡』	
102	建部縄公	『平安遺文』一	天長 9. 4.25
103	建部真持妹	『平安遺文』一	天長 9. 4.25
104	刑部真浄麻呂	『平安遺文』一	弘仁10. 2.16
105	丸部豊嶋	『平城京二条大路木簡』	
106	丸部今継	『平安遺文』一	弘仁14.12. 9
107	慈売	『正倉院文書』九	天平19.12.22
108	其志売	『正倉院文書』九	天平19.12.22

居住こそ明らかではないが、『新撰姓氏録』右京皇別に息長真人《まひと》氏や坂田酒人《さかひと》真人氏と並んで息長丹生真人氏の名がみえ、「息長真人同祖」とあり、坂田郡南部には、先にみたように、上丹郷や下丹郷の存在が確認され、これらの地域を本拠とする、息長氏の一族と考えられる。息長丹生氏については、画工司《がこうし》の令史や画師、造東大寺司の画所領として史上に見えており、すべて京貫のものであった。息長丹生氏は「息長画師」の別称にもあるように、画工司の画師集団として、重要な役割を果たしていたと考えられる（平野邦雄「秦氏の研究」『大化前代社会組織の研究』吉川弘文館、一九六九年、大橋信弥「息長氏と渡来文化—渡来氏族説をめぐって—」『古代豪族と渡来人』吉川弘文館、二〇〇四年、大橋信弥「依知秦氏の形

成」『古代豪族と渡来人』前掲）。いっぽう息長山田氏は『日本書紀』皇極元年十二月条に息長山田公が日嗣の次第を誄《るい》したことがみえ、山田を名とする考え方もあるが、現在の彦根市鳥居本に式内山田神社が所在し、この地は坂田郡と犬上郡の境界に位置し、古代東山道の鳥籠駅の比定地でもあり、山田を複姓とみて、東山道の要衝を押さえる、息長氏の一族と考える。

次にもう一つの有力な豪族である坂田酒人氏については、平城京「二条大路木簡」（『平城宮発掘調査出土木簡概報（二十二）―二条大路木簡一―』前掲、『平城宮発掘調査出土木簡概報（二十四）―二条大路木簡二―』前掲）の八世紀中ごろとみられる庸米荷札に、上坂郷の戸主として坂田酒人真人乙刀麻呂がみえ、同じ上坂郷の戸主として「坂田」を省略したとみられる酒人真人色渕や酒人公諸土の名も見える。そして奈良時代の「近江国坂田郡上坂郷長解」には、上坂郷長坂田酒人公田狭や、上坂郷の人で酒人吉公や酒人長人の名がみえ、このほかにも郡司などに坂田酒人真人氏の存在が知られる。これらの点から北部地域の中でも上坂郷に坂田酒人氏の居住が顕著であることが判明する。なお、平安時代のはじめの「近江国坂田郡大原郷長解《げ》」には、大原郷の人として、酒人広曰佐《ひろおさ》がみえ、一部南部地域にも分布が知られる。

坂田酒人氏との関係でふれておかなければならないのが、坂田氏のことである。すなわち継体元年三月条には、継体皇子の兎《うさぎ》皇子を坂田公氏の、中皇子を酒人公氏の先とする所伝がみえ、両氏が兄弟的な関係にある氏族であることを推測させる。従来、坂田氏が坂田郡に居住したことを示す史料がなかったため、坂田氏は早く中央に進出し、在地には居住しないとする見解が有力であった（山尾幸久『日本古代王権形成史論』前掲）。しかしながら、先にふれた平城京「二条大路木簡」に上坂郷の戸主として、坂田真人茜麻呂と坂田真人須我而の二人が確認され、奈良時代においても、坂田郡に勢力を持っていたことが知られる。

その他の氏族　これら三氏のほかにも、臣《おみ》の姓をもつ氏族もかなりみられる。このうち粟田《あわた》臣氏は、いわゆる和邇《わに》氏同祖氏族で、朝臣《あそん》の姓《かばね》を賜っており、あるいは中央とのつながりの深い一族であるかも知れない。平安時代の史料には長岡郷に所在したことがみえており、どちらかといえば南部地域を本貫としていたとみられる。比瑠《ひる》臣氏については、平安時代に坂田郡の擬少領とみえるから、それなりに有力な氏族とみられる。氏名を浄原《きよはら》とかえているのも、新興氏族らしいともいえる。その本貫については、平城京「二条大路木簡」に上坂郷の戸主として比流伊吹と比流酒人万呂・比流足人・比流友足がみえており、北部地域とみられる。このほか大原郷長などとみえる敢《あえ》臣氏は、阿倍氏の同族で、坂田郡の擬主政とみえる春日臣氏も和邇氏同族氏族とみられ、同じく副擬主政とみえる穂積臣氏も、物部氏の一族である。郡司なり郷長などに登用される氏族として、坂田郡では中堅の豪族とみられる。堅井氏についても、公《きみ》姓とみられ、山城国紀伊郡堅井郷が本貫らしく、『姓氏録』には山城国皇別に彦坐命《ひこいますのみこと》の後とみえ、他地域からの移住者とみられる。先にみた息長真人真野売の戸主でおそらくその夫とみられる。また公姓を持つものとしては、上坂郷戸主として、薮田公《やぶたのきみ》虫麻呂がみえるが、その実態は明らかではない。

次に臣や公以外の姓をもつグループをみておきたい。このグループに属するとみられるのは、軽我孫氏・中臣氏・湯坐連《ゆえのむらじ》氏・山前《やまさき》連氏・尾張連氏・小長谷造《おはせのみやつこ》氏・史《ふひと》造氏などで、鳥次氏・酒波氏・大伴氏等もおそらくこのグループに含まれるかもしれない。これらの諸氏は一部在地のものも含むかもしれないが、その大半が中央で活躍する氏族で、あるいは坂田郡へ新たに流入してきた豪族ともみられる。これらのうち居住地の判明するものは、長岡郷の軽我孫氏、横川駅家の山前連氏・小長谷造氏、上坂郷の藪田氏・酒波氏、穴郷の大伴氏などで、中臣氏・湯坐連氏・鳥次氏などは、郡司に登用されており、郡内でも有力な豪族であったとみられる。なお、「二条大路木簡」により、上坂郷の戸主として、県主老《あがたぬしおゆ》の存在が確認される。坂田郡ではこれまで県（アガタ）の存在は確認されておらず、近くの例としては、犬上郡に本貫が推定される犬上県主氏（『新撰姓氏録』未定雑姓　大和）や、美濃国賀茂郡を本拠とする（鴨）県主氏（「御野国加毛郡半布里戸籍」『大日本古文書』東京大学出版会）などと関わるかもしれない。

次はいわゆる渡来氏族である。このうち郡内で最も有力とみられるのは、穴太村主《あのうのすぐり》氏である。奈良時代にはいまだ郡主帳を出す程度であったが、平安時代にはいると、それまで郡大領・少領を独占してきた息長氏と坂田酒人氏に加えて、あるいはそれを凌駕して、穴太村主氏が進出している。穴太村主氏の本拠地については、従来より良好な史料がなく、明確ではなかったが、近年発見された平城京

「長屋王家木簡」によって、旦女里（朝妻郷）の戸主に「穴太主寸□」の居住が判明し、また米原市の下定使遺跡の墨書土器にも「穴太」という文字があり、いちおう穴太村主ではないかと解釈できる（『米原町史』通史編、前掲）。この米原町の下定使遺跡は、郷名の比定地からみると朝妻郷に含まれる可能性が高いので、これによってもそのことが裏付けられたと考える。坂田郡の南部、古代の湊として繁栄した朝妻の近くに穴太氏の本拠があって、逆に上坂の方には居住が確認されないということは注目される。この穴太村主氏と関連するのが、志賀忌寸《いみき》氏で奈良時代の末に、穴太村主等の志賀漢人《あやひと》の一族が改姓したものである。ただし改姓になったのはその一部で大半は旧姓に留まったとみられる（大橋信弥「近江における渡来氏族の研究―志賀漢人を中心に―」『古代豪族と渡来人』前掲）。

志賀漢人は大まかな分類では、渡来氏族の雄　東　漢《やまとのあや》氏の一族とみられているが、同じく広義の東漢氏の一族とみられているのが、文《あや》氏である。史料上では首《おびと》姓や忌寸姓、あるいは文部とのみ見えるものもあるが、いちおう同族とみられる。居住地の判明するのは、下丹郷・横川駅家で坂田郡南部を本拠としていたらしい。そして文部麿《あやべのまろ》が横川駅家長であるように、有力な氏族と考えられる。このほか小竹田　史《ふひと》氏や大村　直《あたい》氏なども、渡来系の氏族と考えられるが、詳細は明らかではない。

坂田郡の渡来氏族で、必ずしも郡内ではそれほど有力ではないが、濃密な分布を示すのが秦氏である。秦氏は現在のところ、郡内において一六名の人名が知られており、坂田郡の古代人名では最大の数を誇っている。その居住地は、大原郷が八名と最も多く、長岡郷・横川駅家にも多く、坂田郡南部

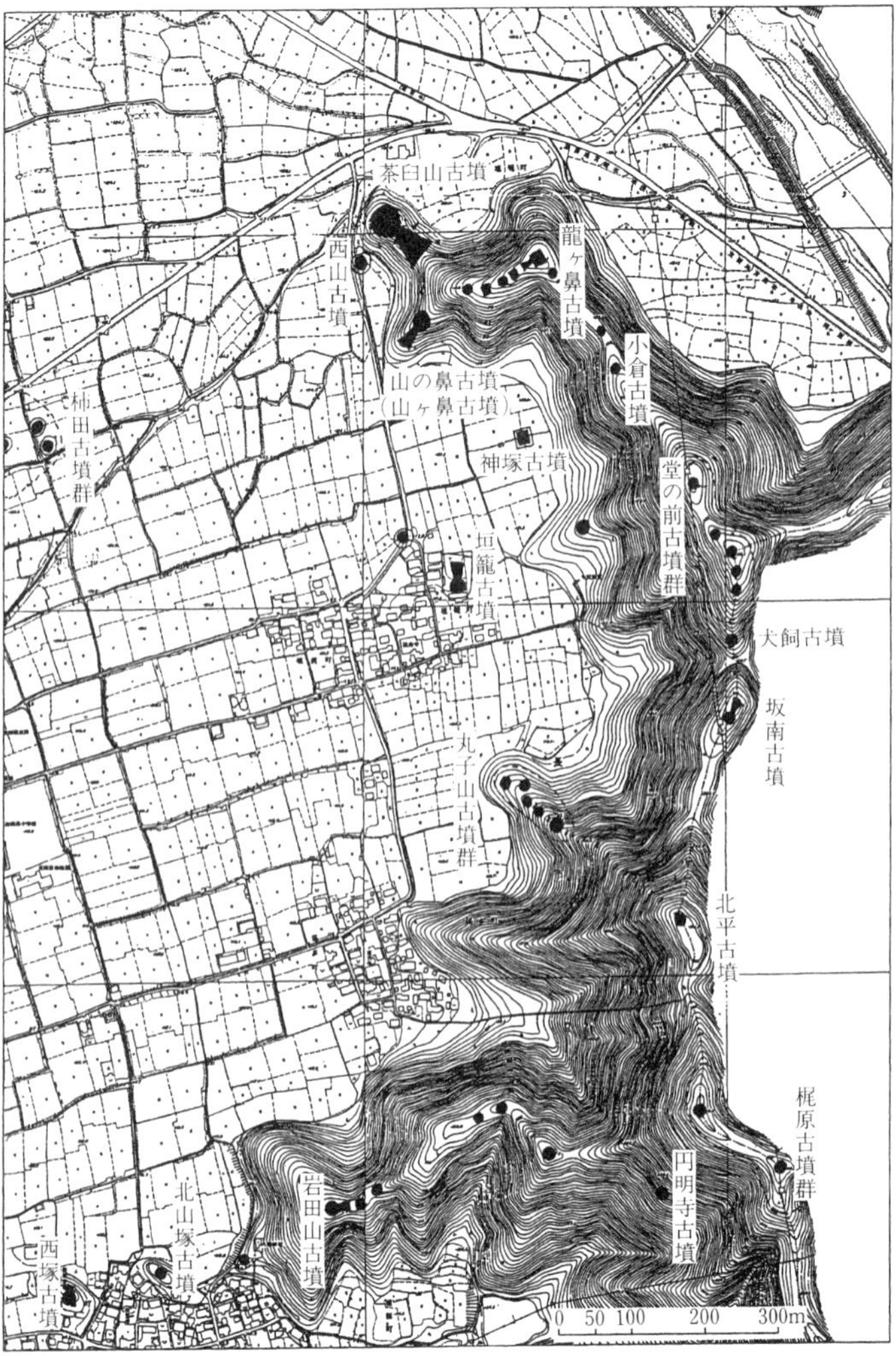

図36　坂田郡北部の古墳分布図（坂田古墳群）

でもその東部に集中している。これは史料の残り方にも原因があるが、注目されるところである（大橋信弥「息長氏と渡来文化―渡来氏族説をめぐって―」『古代豪族と渡来人』前掲）。このほか坂田郡に居住する氏族としては、部姓を名乗る一群がある。長岡・上坂・横川駅家の三郷に分布する建部《たけるべ》氏、大原郷に分布する刑部《おさかべ》氏、上坂・長岡の二郷に分布する丸部《わにべ》氏等がそれで、建部がヤマトタケルと関わり、刑部が息長氏との関わりが強いこと、そして坂田郡には先にみたように、和邇氏とかかわる粟田氏や春日氏が分布しており、丸部の分布とも重なる。

このようにこの地域における有力な豪族としては、坂田郡北部の長浜地域には坂田酒人氏の系統の豪族、南部の天野川流域には息長氏の系統の豪族が分布することが確認できる。坂田郡における息長氏の勢力圏は、現在の米原市（旧米原町・近江町・山東町・伊吹町）であることが文献資料から裏付けられ、いっぽう姉川流域の長浜地域には、上坂郷を中心に坂田酒人氏が濃密に分布し、両氏がそれぞれの地域を代表する有力な豪族であることが確認できる。そして、坂田の地の中心については、姉川の形成した広大な沖積平野を基盤とする、北部長浜地域にあることとは、容易に推測され、北部地域の最有力豪族である坂田酒人氏が、そのウジ名に「坂田」を負っていることも、北部勢力の坂田の地における優位を示している。また、ここでは詳しくふれる余裕はないが、両地域に分布する古墳群の規模・時期・副葬品のあり方から、五世紀代までは、北部長浜地域の勢力が南部の勢力を圧倒しているのに対し、六世紀前後からは、南部の勢力の進出が著しく、均衡ないし凌駕する動向が確認されており、これが坂田酒人氏と息長氏の、勢力の消長を示している可能性が高い（大橋信弥「再び近江における息長氏の勢力について」『古代豪族と渡来人』前掲）。

このように、在地における動向からみる限り、息長氏が六世紀以前に、中央において大きな勢力を持つ可能性は、まず考えられないであろう。それとともに、坂田郡の南部地域を中心に、有力な渡来系の豪族が、多数分布していることも注意される。すなわち、坂田郡の中では、息長氏と坂田酒人氏が、奈良時代から平安時代にかけて、坂田郡の大領、少領という郡司のトップを独占していたが、平安時代にはいると、穴太村主氏が、大領・少領に進出しており、大きな位置を占めるようになっている。こうした動きも、南部勢力の伸張と関わるであろう。こうした坂田郡における地域史の動向を前提として、次に継体朝の成立と息長氏、さらには近江の諸豪族のかかわりを検討したい。

2　継体朝の成立と近江の古代豪族

継体朝の成立　五世紀末の雄略の頃には、大和政権の機構的な編成もすすみ、未熟ながら国家的な機構の整備もなされたとみられるが、雄略の没後、最有力の後継者であった白髪《しらが》皇子（清寧天皇）が、即位することなく亡くなったと考えられる。『古事記』は、このことを「此ノ天皇、皇后無く、亦、御子も無くありき」とし、「天皇崩《かむあが》りましし後、天下《あめのしたしろしめ》治す可《べ》き王なし」と書いている。そして、こうした中で、允恭—安康—雄略—清寧とつづく王統の流れからは遠くはなれた、顕宗・仁賢の二王が、相次いで即位した。ただ『記紀』の記述には、不自然な点も多く、二王の系譜的位置についても、いくつかの異伝があって、問題を残している（大橋信弥「顕宗・仁賢朝の成立をめぐる諸問題—継体即位前史の研究—」前掲）。そして二王の没後即位したのは、仁賢と清寧の妹春日大郎女《かすがのおおいらつめ》との間に生まれた武烈であったが、この武烈にも子が無く、再び王統断絶という事態に見舞われる。すなわち武烈の没後即位することになったのは、顕宗・仁賢よりさらに五世紀の王統からはなれた応神天皇の五世孫を称する継体であった。

継体の即位について『古事記』は、「天皇（武烈）既に崩りましぬ。日続《ひつぎ》知らす可き王無し。故《かれ》、品《ほむ》太《だ》天皇五世之孫、袁本杼命《おほどのみこと》、近淡海国《ちかつあふみのくに》自《よ》り、上《のぼ》り坐《ま》さ令《し》メ、手白髪命《たしらかのみこと》於《に》合せまつりて、天下を授ケ奉りき」と書いており、『書紀』は、武烈の崩後、大連《おおむらじ》の大伴金村《おおとものかなむら》が群臣に議して、日継の王を求めることとし、まず仲哀天皇の五世孫倭彦王《やまとひこのおおきみ》を迎えようとしたが失敗し、改めて越前三国《みくに》にあった、応神五世孫の継体を迎えようとしたことを記し、継体は、再三の要請を固辞したが、旧知の河内馬飼《かわちのうまかいの》首荒籠《おびとあらこ》の説得により、河内樟葉《くすは》宮において即位したことを記している。

以上のように『記紀』は、王位継承や王統譜について、必要以上に慎重な立場をとっているにもかかわらず、雄略没後の二度にわたる王統の断絶を明記し、しかも「畿外」の播磨や、近江・越前に本拠をおく傍系の「王族」の擁立を記述しており、この時期の大和政権が、大きな危機にあったことを示している。

継体の出自について『古事記』は、「品太天皇の五世孫」とするだけで、父母の名さえ伝えていないし、『書紀』はわずかに、父彦主人《ひこうし》王が「近江国高島郡三尾別業」にいた時に、美しいとの評判であった越前三国の坂中井《さかない》出身の振媛《ふるひめ》を妻に迎えたことを記しているが、応神から彦主人王までの三代の系譜は判明しない。ところが『釈日本紀』が引用する『上宮記《じょうぐうき》』という書物の「一云」には、応神から継体に到る系譜が記載されており、それが『古事記』応神天皇段にみえる「若野毛二俣《わかのげふたまた》王系譜」に対応することも判明する。この「上宮記一云」については、その用字法などから、『記紀』より以前に成書化されたことが指摘されており、系譜の信憑性を高めている（黛弘道「継体天皇の系譜について」前掲）。

『書紀』はさきにみたように、父の彦主人王が近江高島の三尾別業に、越前三国から振媛を妻に迎え、継体の生まれたことを記したあと、継体が幼いうちに彦主人王が亡くなり、将来に不安を抱いた振媛は、継体を伴って故郷の越前三国の高向《たかむこ》にもどり、継体を育てたことを記している。なお「上宮記一云」にも、『書紀』と同様の所伝があり、継体が近江高島で出生し、越前三国で成長したことは、かなり有力な所伝であったと考えられる。

継体の后妃については、『古事記』に七人、『書紀』に九人の記載があるが、その記載方法や順序をみてみると、近江高島の三尾を本拠とする三尾君氏出身の妃が二人みえ、その若比売《わかひめ》は『古事記』の筆頭に記載され、『書紀』においても、仁賢皇女で欽明を生んだ手白香《たしらか》皇女、「元妃」と明記され安閑・宣化を生んだ目子《めのこ》媛に次いで三番目に記載されており、若比売が継体の最初の正妃であったことを示唆する。また若比売の皇子女の中に大郎子がみえ、もう一人の三尾君氏出身の妃倭比売の子に、大郎女がみえており、大郎子・大郎女が、皇子女中の第一子の名にふさわしいところから、二人が継体の最も早く入内した妃であることを推測させる。越前三国で成長した継体が、最初の妃として、父彦主人王以来、密接な関係にあった近江高島の三尾君氏から、若比売・倭比売の二人を迎えたことを示唆している（大橋信弥「三尾君氏をめぐる問題―継体擁立勢力の研究―」前掲）。

継体と坂田郡　右にみたように、継体の出生と成長に関わるのは、近江高島の三尾の地と、越前三国の高向の地であって、近江の坂田とのかかわりは、后妃に関わるものだけである。こうしたところからも、継体の出自を息長氏とする見解には、加担できないことになるが、越前出身の地方豪族とすることも、やはり無理と考えられる。越前三国は継体の母のふるさとであり、継体王統の本拠は、近江高島の拠点が、父の「別業」にすぎない以上、「畿内」のいずれかに求めるのが自然と考える。したがって、継体王統と坂田のかかわりについては、別の角度から考える必要がある。右にみたように、継体はその出生の地である近江高島の三尾と越前三国を基盤として、中央に進出するのではあるが、『記紀』と「上宮記一云」にみえる、継体とその父彦主人王の后妃についての記載は、継体の支持勢力がさらに広い範囲に存在することを示唆している。そして近江坂田の地も、その中で重要な位置を占めている。

すなわち継体の后妃の中で、大后の手白髪命に次ぐ地位にあったのは、安閑・宣化の母である目子郎女で、尾張の豪族、尾張連《おわりのむらじ》氏の出身であった。目子郎女の入内の時期は明らかでないが、安閑・宣化の年齢や『古事記』の記載順からみて、継体の越前在住時の可能性が高い。「上宮記一云」に汙斯《うし》王（彦主人王）の母が、美濃の豪族牟義都国造《むぎつのくにのみやつこ》の娘であることがみえ、継体の祖父の段階から「畿内」東方とのつながりのあったことが想定され、目子郎女との婚姻も、このような文脈から無理なく理解される。そして越前三国と近江高島を拠点とした継体と、尾張・美濃の勢力との協力関係が明らかになるなら、その中間に位置する近江坂田の重要性が浮かびあがってくる。

事実、継体には近江坂田出身とみられる二人の妃がみえる。一人は息長真手《おきながまて》王の娘麻組郎女《をくみのいらつめ》、もう一人は坂田大俣王の娘黒比売である。二人の妃の父は、いずれも某王を称しており、王族のようであるが、後にみるように、同じ息長真手王の娘で、敏達天皇の「皇后」となる比呂比売命《ひろひめのみこと》があり、この比呂比売命の墓について『延喜式』諸陵寮には、近江国坂田郡に所在することが明記されており、後の近江国坂田郡の有力豪族、息長君氏、坂田君氏の出身であると考えられる。なお『書紀』のみにみえる妃の広媛の父根王《ねのおおきみ》は、その出自など不明な点が多いが、広媛の生んだ二人の皇子のうち、兄の兎皇子が酒人公氏の、弟の中皇子が坂田公氏の祖とあり、これも近江坂田にかかわりのある妃であることが推測される。

継体の九人の妃のうち三人までが近江坂田にかかわりを持つことは、継体の擁立勢力として、近江坂田の豪族が大きな位置を占めていたことを確認させる。おそらく、息長・坂田酒人・坂田など、近江坂田の豪族は、越前三国と近江高島を二大拠点として勢力を広げつつあった継体と、尾張・美濃など「畿内」東方の勢力を結びつけるうえでも、重要な役割を果たしたと考えられる。そこで次に、継体とかかわりの深い近江の各地に本拠を置いていた諸豪族にとって、継体朝の成立がどのような意味を持っていたかをみていくことにしたい。

近江の古代豪族　図37は、現時点で確認できる近江の有力な古代豪族の分布を示したものである。この図からも明らかなように、近江の古代豪族には、後の令制国全域を統括するような、抜きん出たものはみられず、後の郡に一～二氏存在するのが一般的で、その大半が郡の大領・少領（長官・次官）に任じられた郡領氏族である。これは、近江の古代豪族についての確実な記録が、律令時代（奈良・平安時代）のものであることによるが、郡が律令国郡制の成立時に、もとの「クニ」を政治的に分割・統合して成立したことは否定できないとしても、それ自体、川や山そして湖に区切られた、ひとつの歴史的世界を構成しており（「クニ」）、近江の古代豪族の大半が、令制以前の支配領域を継承している可能性が高い。

このことを端的に示しているのが、近江の各地に分布する、前方後円墳を中心とする首長墓群のあり方である。すなわち築造の開始や終焉は異にしつつも、各地の首長が累代にわたって葬られたと考

図37　近江の古代豪族分布図

えられる古墳群の分布も、さきにみた古代豪族のそれに対応するかのように、後の郡の領域ごとに、一〜二のまとまりをもって確認できるからである。近江の古代豪族の特質として、いまひとつ注目されるのは、その多くがカバネ君《きみ》（公）を称していることである。すなわち、坂田郡の坂田酒人君・息長君、犬上郡の犬上君、愛知《えち》郡の依知秦《えちのはた》公、蒲生郡の佐々貴山《ささきやま》君、栗太郡の小槻山君、高島郡の角山《つのやま》君・三尾君というように、一二郡中の半分が、君姓の有力豪族で占められているのである。カバネ君をもつ氏族の性格については、一律に考えることはできないが、一般に大王家との関係が深く、大王からの分枝伝承をもち、従属度が強いとされている。事実、右にみた豪族の多くが、早くから大王家に奉仕する伝承をもっている。

　このことは、君姓以外の近江の豪族にも、多かれ少なかれ該当するようで、伊香郡の伊香連氏の場合は、大王に一定の職掌をもって奉仕する伴造氏族に一般的な連姓をもち、実際、中央の中臣連《なかとみのむらじ》氏の配下として、大王に仕奉している。また野洲《やす》郡の安直《やすのあたい》氏の場合も、近淡海安国造《ちかつおうみやすのくにのみやつこ》とも呼ばれるように、大和政権の地方支配の中核である国造制にかかわるもので、その中でも直姓の国造は、とくに従属度が高いとされている。このことは、蒲生《がもう》郡の蒲生稲寸《いなぎ》氏にもいえることで、カバネ稲置は、国造制の下に編成された県（コホリ）の長官にかかわるとみられるからである。そして残る臣姓の四氏、滋賀郡の和邇部臣・小野臣・近江臣、甲賀郡の甲賀臣についても、前二者が中央の有力豪族和邇氏の、後二者が同じく蘇我氏の同族・配下として、大和政権の一翼を占めていたと考えられる。

以上のように、近江の古代豪族は、地方豪族としての性格をもちつつも、その多くが大王家に直接奉仕するように、「畿内」の諸豪族に準ずる性格も、合わせもっていたと考えられる。この点を間接ながら裏付けるのが、さきに少しふれた、近江各地に分布する首長墓のあり方である。すなわち、近江の首長墓は、他地域と同じく前方後円墳を主体とするものであるが、その中に帆立貝式の前方後円墳を多く含むことや、大型の方墳や円墳で造り出しをもつものも首長墓群に含むなど、やや異質なあり方を示している。そして、一〇〇基近くを数える首長墓のうち、全長が一〇〇メートルを越える古墳はわずか三基に過ぎず、やや問題のあるものを含めても五基を越えることはなく、大半が五〇メートル前後の小規模なものなのである。これらは、大和政権による強い規制を示すもので、この地域の首長が大和政権に早くから組み込まれていたことを裏付けるのではなかろうか（大橋信弥「古代の近江」『新・史跡でつづる古代の近江』ミネルヴァ書房、二〇〇五年）。

継体朝の成立と近江　右にみたように、近江の古代豪族は、早くから大和政権と深く結びついており、中央の政局にもかかわっていたらしい。倭王武《わおうぶ》に比定されるワカタケル大王（＝雄略天皇）が即位する際に、当時有力な王位継承候補であった、履中天皇の皇子、市辺押磐《いちべのおしは》皇子を、近江の蒲生野の狩りに誘い出し暗殺するお膳立てをしたが佐々貴山君の一族であったとする物語が、『記紀』に共通してみえることは、必ずしも史実ではないが、近江の古代豪族と大和政権のかかわりを示すものであろう。したがって近江との関係が特に深い継体朝の成立にあたって、近江の古代豪族が重要な役割を果たしたことは、容易に推測することができる。さきにみた近江高島の三尾君氏や、近江坂田の息長氏、坂田酒人君氏、坂田君氏などのほかにも、これを好機として中央への進出に成功した豪族も少なくなかったと考えられる。

継体朝とのかかわりが明白な豪族として、まず指摘できるのは、継体朝の末年、継体二十一年（七二七）六月に、新羅《しらぎ》によって併合された朝鮮半島南部の南加羅《から》（金官国）などの再興のため、六万の大軍を率いて派遣された近江臣毛野《おうみのおみけぬ》の場合である。このような重要な任務に就いていること自体、継体朝における近江臣氏の地位を示しているが、『書紀』は一連の記事の中で、注目すべきエピソードを伝えている。すなわち、毛野の軍はこの時、北九州の有力豪族、筑紫国造磐井《いわい》の反乱によって渡海を阻まれるのであるが、その際の磐井の言葉として、「今こそ使者たれ、昔は吾が伴として、肩摩《す》り肘触りつつ、共器《おなじけ》にして同食《ものくら》ひき。安《いづくに》ぞ率爾《にはか》に使となりて、余をして儞《い》が前に自伏《じたが》はしめむ」と語ったとされている。ここで磐井が言っているのは、かつて毛野と磐井は、同僚として同じ釜の飯を食べた間柄であったのに、今は毛野が将軍として自分に命令するのは許せないというような意味で、ここから、両者が以前継体朝の中枢において、重要な地位にあったこと、近江臣氏が筑紫君氏と肩を並べる地位を、継体朝段階において得ていたことを確認できる。この一連の話も、必ずしも史実に基づいているとはいえないが、近江臣氏が継体朝の成立に、一定の役割を果たしたことを示唆すると考える。

このあと毛野は渡海し、「任那《みまな》復興」のため、新羅・百済との交渉にあたるが、失敗してやがて死ぬことになる。しかし近江臣氏がこの後も、中央の政局にかかわっていたことは、崇峻二年七月に「東山道使」に任命された近江臣満《みつ》の存在や、推古三十一年に新羅征討の副将軍に任命された近江脚身臣《あなむのおみ》飯蓋《いいふた》から明らかである。

ところで、この近江臣氏については、その出自や本拠などわからない点が多い。その出自については、『古事記』孝昭天皇段にみえる「和邇氏同祖系譜」の近淡海国造にあてる見解と、孝元天皇段の「武内宿禰同祖系譜」にみえる淡海臣にあてる見解があるが、後者が妥当と考える（大橋信弥「近江における和邇系氏族の研究」前掲）。このように考えた場合、近江臣氏は、継体朝以降、中央の政局を主導する蘇我氏と連携して活動していたことが推測されてくる。また近江臣氏の本拠については、手がかりはなく、間接的に推測するほかないが、有力な古代豪族の空白地域である滋賀郡南部にあて、この地域の信仰で大きな地位を占める日吉大社の奉斎氏族である可能性も指摘されている（山尾幸久「遣隋使のふるさと―小野妹子と唐臼山古墳―」『史跡でつづる古代の近江』法律文化社、一九八二年）。近江臣氏の本拠を滋賀郡南部とした場合、六世紀以降滋賀郡南部に集住し、湖上交通による交易活動により、近江全域に勢力を広げた志賀漢人《あやひと》と総称される渡来氏族のあり方が、より整合的に理解できる。すなわち志賀漢人の一族は、蘇我氏と密接な関係にあった渡来氏族倭漢氏の配下の渡来人集団であって、蘇我氏と近江臣氏の連携によって志賀漢人の滋賀郡南部の集住が実現したと推測されるからである。

このように、近江臣氏が滋賀郡南部を本拠とし、継体朝以降中央に進出し、近江大津宮の前後まで、重要な位置を占めていたと考えられるなら、その中央進出の契機となったのは、やはり継体の即位にあたって、何らかの役割を果たしたためとしか考えられない（大橋信弥「近淡海国造について―近江古代豪族ノート3―」『滋賀考古学論叢』二、一九八五年）。

継体と近江の和邇系氏族　このほかにも、伊香郡の伊香連氏や、野洲郡の安直氏も、継体朝の成立にあたって、重要な役割を果たしたと考えられるが、その中で特に注目されるのが近江に本拠を置く和邇氏系の氏族である。近江の和邇系氏族が和邇氏一族の中で大きな地位を占めていたことは、『古事記』孝昭天皇段の「和邇氏同祖系譜」に、孝昭の第一子天押帯日子命《あめおしたらしひこのみこと》の後裔とみえる一六子の中に、都怒山臣《つのやま》（角山君）・小野臣・近淡海国造の三氏がみえることから明らかである。角山君は高島郡北部の石田川の流域、後の角野郷を本拠とする豪族で、天平年間には高島郡少領として角山君家足《いえたり》がみえ、藤原仲麻呂ともかかわりをもつ郡領級の有力な豪族で、高島郡の材木や鉄を大和政権に供給していたと考えられる。そして角山君氏が本拠としていた石田川流域は、高島郡の中心部から北にはずれた地域ではあるが、郡内における水陸交通の要衝をなしている。すなわち湖西を北上する北陸道は、現在の今津町弘川付近で若狭街道を分岐しており、近江と越前・若狭の接点という位置にあるし、北に海津、南に木津と琵琶湖の良港をひかえ、湖上交通の要衝であったのである。そして若狭には三方郡竹田郷に丸部里《わにべ》が、同郡に武内和邇部神社もあるように、和邇氏の重要な拠点であったし、越前・加賀にも丸部臣・丸部・和邇部が広く分布しており、角山君が和邇氏同族の中で重視されたのは、和邇氏の越前・若狭への進出を背後でささえる立場にあったからと考えられる。

近淡海国造は、さきにみたように近江臣が本姓であるとする見解もあり、私もそうした見解を述べたことがあるが、それはやはり無理があり、滋賀郡北部の和邇川左岸、旧志賀町（現大津市）和邇中あたりを本拠としていた和邇部臣《わにべのおみ》氏が、これにあたると考える。おそらくそのウジ名に、和邇部を名乗っているところからみて、和邇氏の配下で、和邇部の地方的な管掌者であったと考えられよう。そして『新撰姓氏録』右京皇別下の項に、天足彦国押人命《あめたらしひこくにおしひとのみこと》の子孫の和珥部臣鳥と同忍勝《おしかつ》らが、志賀郡真野郷に居住していたことから、真野臣姓を名乗ることになったとあり、また『類聚国史』巻十九には、平安時代のはじめ、弘仁四年（八一三）においても、和邇部臣が近江国和邇村に居住していたことがみえる。和邇部臣氏が和邇村だけでなく、真野川流域にも拠点をもつことが判明する。

真野村は『和名類聚抄』にみえる真野郷の故地であり、その郷域は真野川の形成した堅田平野を中心に、現在の大津市坂本付近までを含む、滋賀郡の中枢であった。そして滋賀郡の首長を葬ったとみられる前方後円墳は、四世紀代には後の郷単位に分散して築造されていたものが、五世紀代には真野郷の領域に集中する傾向も認められる。これらの点から、もともと和邇川左岸の和邇村を本拠としていた和邇部臣氏が、のちに勢力を拡大し、真野郷を拠点に滋賀郡における首長権を確立したとも考えられる。このように和邇部臣氏＝近淡海国造が、勢力を拡大した背景には、その本拠である和邇村が、北陸道第二番駅である和邇駅の存在や、上竜華から途中峠をへて、山城東北部に抜ける北陸道の短絡

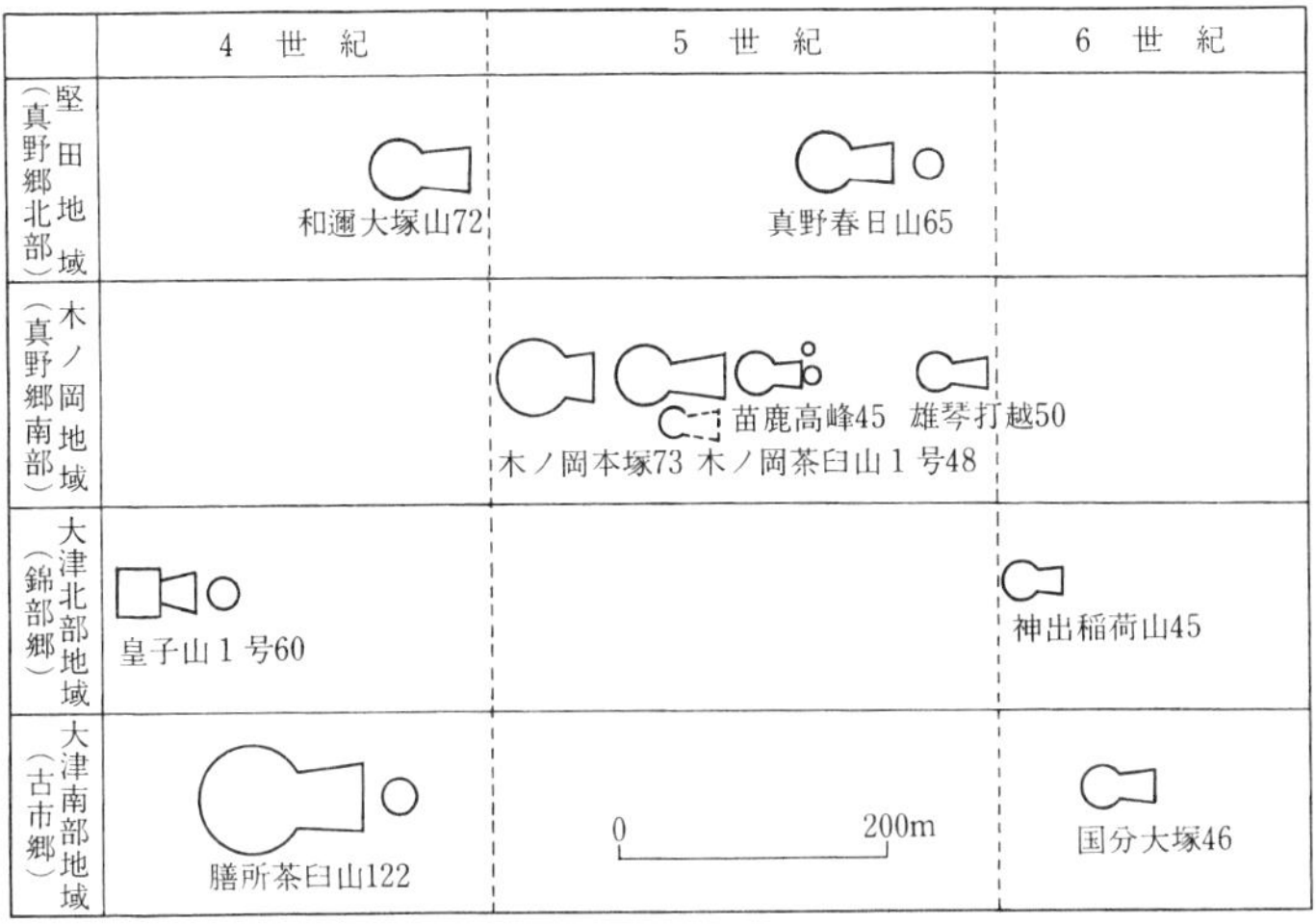

図38　滋賀郡の首長墓の展開

路の分岐点であることからも明らかなように、交通の要衝にあったことが大きな要素であると考えられる。そしてそれは、和邇氏による近江・若狭・越前への進出ルートに対応しており、和邇部臣氏が和邇氏の同族に組み込まれる要因でもあったと考えられる。

小野臣は推古朝の遣隋使小野妹子、文武・元明朝の参議・中納言などを歴任した小野朝臣毛野《けぬ》など、著名な人物を輩出した有力氏族であり、中央では和邇氏同族の氏上として、議政官補任氏族の地位を維持していたのである。小野臣氏の本拠については、山城国愛宕郡小野郷とする見解もあるが、近江国滋賀郡小野村であったと考えられる。『新撰姓氏録』左京皇別下の小野朝臣に、実質的な氏祖である妹子が、小野村に住したことにより、その氏の名にしたとする所伝があり、また妹子をはじめ、小野臣の一族からは、多くの遣外使を出している。周知のように近江からは、犬上君氏や近江臣氏など遣外使を輩出しており、近江説に有利な徴証と考えられる。滋賀郡小野村の故地は、旧志賀町（現大津市）小野を中心とする地域とみられ、和邇川の形成した狭小な平野の右岸に位置し、左岸の和邇中付近を本拠とする和邇部臣氏と対峙している。したがって、小野臣氏の場合も、北陸道の要衝の地を押さえ山背東北部に勢力を拡大することによって、和邇氏の同族に連なったと考えられるが、妹子が遣隋使に登用される以前の小野臣氏は、その墓域とみられる、道風神社古墳群の規模などからみて、和邇部臣氏の下風に立つ小氏であった可能性が高い。

以上のように、近江の和邇系の諸氏は、すべて山城東北部から、琵琶湖の西岸を経て、越前・若狭へのびるルート上の要衝の地を占め、中央和邇氏の重要な拠点であった。そしてそれは同時に、継体の拠点とその近畿中枢への進出ルートと重なる。これらの諸氏が継体の擁立にかかわったことを示す資料はないが、諸氏の本拠が継体の近江における拠点である高島三尾を取り囲むように分布していることは、消極的ながらそれを裏付けると考える（大橋信弥「近江における和邇系氏族の研究」前掲）。そして継体即位にあたって和邇氏の役割は、かなり大きいものがあったらしい。

和邇氏と継体の密接な関係を示すものとしては、第一に継体妃の存在が指摘できる。すなわち『書紀』は、継体妃として和迩臣河内の女荑媛《はえひめ》の名を挙げているが、継体にとっては唯一の有力な中央豪族出身の妃であり、無視できないところである。大和政権中枢にパイプをもたない継体にとって、和邇氏の存在は重要な位置を占めていたと考える。また、継体が近畿中枢に進出するにあたって、重要な拠点となったのは南山城の地であった。すなわち、継体が越前三国から上京し、即位したのが、河内の樟葉《くずは》宮（大阪府枚方市交野付近）であり、継体五年十月に遷宮したのが山背の筒城《つつき》宮（京都府京田辺市付近）、同十二年に遷ったのが、山背の弟国《おとくに》宮（京都府長岡京市乙訓寺付近）であって、継体の近畿中枢への進出の基点であった。そしてこの地域は、和邇氏にとっても重要な拠点であった（岸俊男「ワニ氏に関する基礎的考察」『日本古代政治史研究』前掲）。

すなわち、それを端的に示すのが、『古事記』開化天皇段にみえる「日子坐王《ひこいますのおおきみ》系譜」である。日子坐王は、開化天皇と丸迩臣の祖、日子国意祁都命《ひこくにおけつのみこと》の妹、意祁都比売命との間に生まれた皇子であり、四人の妃との間に多数の皇子女をもうけている。四人の妃のうち、意祁都比売命の妹袁祁都比売《おけつひめ》命との間には、山代之大筒木真若《やましろのおおつつきのまわか》王など三子が、春日建国勝戸売《かすがのたけくにかつとめ》の女沙本之大闇見戸売《さほのおおくらみとめ》との間に、沙本毘《さほび》古《こ》王など四子が、山代之荏名津《えなつ》比売との間に、大俣王など三子をもうけている。これら「日子坐王系譜」にみえる妃とその皇子女たちは、和邇氏とかかわり、また山城南部と大和東北部の地名をその名に含んでおり、両者の密接な関係を示している。継体が直接大和の中枢部に入らず、南山城にしばらくとどまったのは、大和内部にそれを阻害する勢力が存在したこともあるが、和邇氏の勢力を背景に、大和への進出を伺っていたと考える。

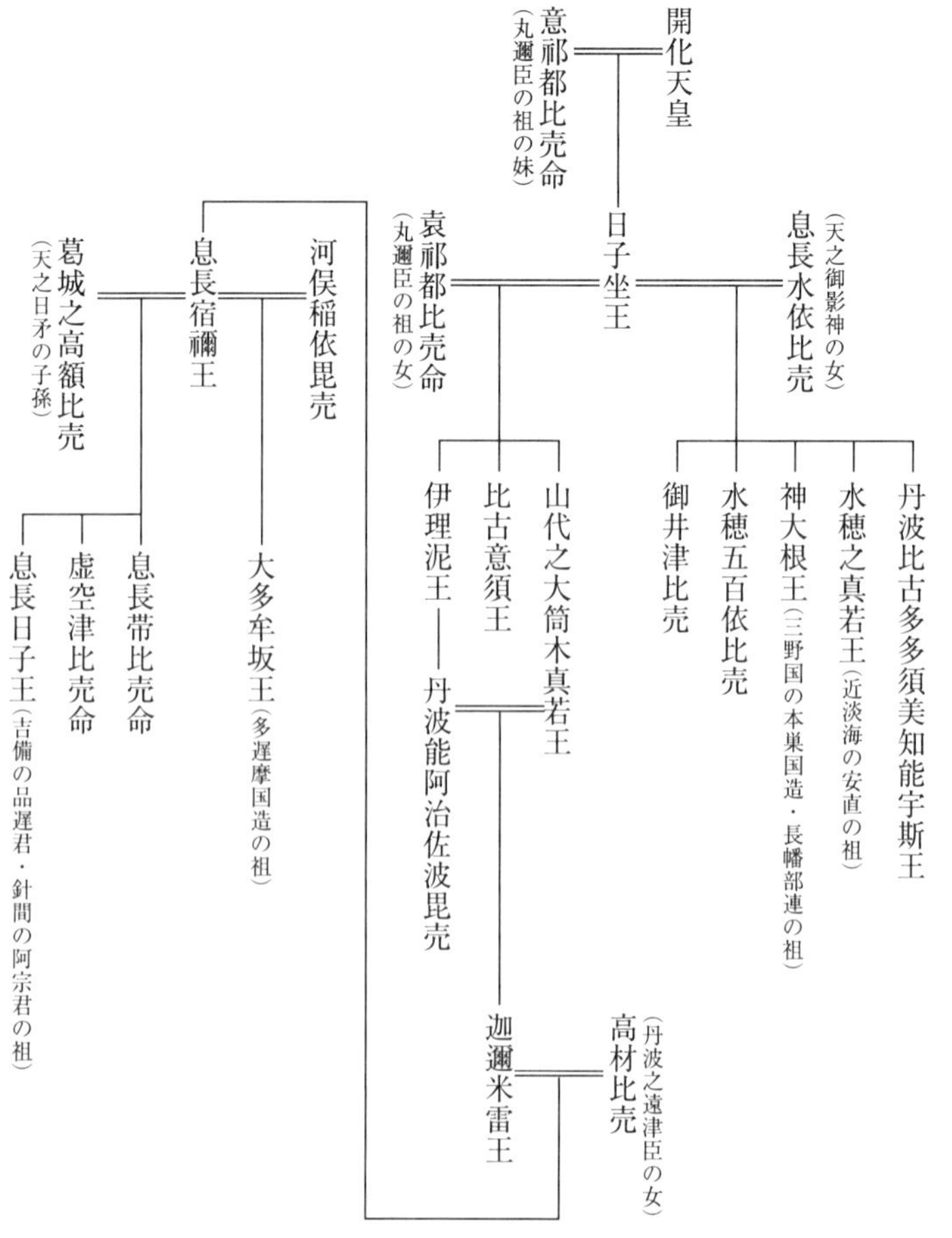

開化天皇
意祁都比売命
（丸邇臣の祖の妹）
日子坐王
息長水依比売
（天之御影神の女）
袁祁都比売命
（丸邇臣の祖の女）
河俣稲依毘売
息長宿禰王
葛城之高額比売
（天之日矛の子孫）
丹波比古多多須美知能宇斯王
水穂之真若王（近淡海の安直の祖）
神大根王（三野国の本巣国造・長幡部連の祖）
水穂五百依比売
御井津比売
山代之大筒木真若王
比古意須王
伊理泥王
丹波能阿治佐波毘売
迦邇米雷王
高材比売
（丹波之遠津臣の女）
大多牟坂王（多遅摩国造の祖）
息長帯比売命
虚空津比売命
息長日子王（吉備の品遅君・針間の阿宗君の祖）

図39　日子坐王系譜

3 息長氏の政治的進出

敏達妃広姫の入内　右にみたように、息長氏は継体朝の成立にあたって、継体妃に麻組郎女を入内させ、一定の役割を果したことは間違いない。しかしながら継体の擁立勢力の中心となったのは、あくまで越前三国の豪族で、その母振媛の出身氏族であった三国君氏と、父彦主人王の支持勢力で、最初の継体妃を出した、近江高島の三尾君氏の二氏であって、これに次ぐのが、安閑・宣化を生んだ目子媛を出した尾張連氏、そして継体の近畿中枢への進出を背後からささえた和邇氏であって、継体朝成立段階における息長氏の役割は、それほど大きいものではなかったと考える。そして息長氏が本格的に政治的な進出を果たしたのは、敏達《びだつ》妃として息長真手王の娘広姫《ひろひめ》が入内して以降のことと考える。

ここで問題となるのは、広姫の父とされる息長真手王が、敏達の祖父である継体の妃麻組郎女の父ともされているからである。すなわち、継体と手白香皇女との婚姻が成立し、すぐに欽明《きんめい》が生まれたとしても、欽明が成人し、さらに敏達が生まれて成人するまでには、少なくとも六十年以上の年月を要し、父を同じくする娘が、継体と敏達の二人に入内する可能性は低いと考える。そうした場合、敏達妃広姫の所伝に信がおける以上、継体妃の父に問題があるとすべきであろう。おそらく継体妃の父

図40　伝広姫息長墓（村井田古墳）

については、『書紀』編者の手元に明確な所伝がなかったため、敏達妃の父を借用したのではなかろうか。それはそれとして、敏達の妃に広姫が入内できた背景には、継体朝の成立にあたって、息長氏が他の坂田郡の古代豪族とともに、一定の役割を果たしたことを示唆している。

広姫の入内について、『古事記』は帝紀的記載に、欽明皇女の豊御食《とよみけしき》 炊屋比売命《かしきやひめのみこと》、伊勢大鹿首《おびと》の娘小熊子郎女《おぐまこのいらつめ》に次ぐ第三の妃として比呂比売命をあげ、忍坂日子人太子《おしさかひこひと》、坂《さか》騰王《のぼり》、宇遅王《うぢ》の三人の皇子をもうけたことを記している。そして第四妃の春日中若子の娘、老女子郎女《おみなご》とその皇子女の名を記した後、日子人太子と庶妹田村王（糠代比売命）の婚姻と、舒明《じょめい》ほか二人の皇子女を記している。『古事記』が、ここで日子人太子の系譜をまとめて載せているのは、推古天皇段でその記事が終わっていることもあるが、日子人太子が即位しなかった皇子であるにもかかわらず、その子舒明が即位し、舒明の子天智《てんじ》・天武が即位して、奈良時代以降の王統の始祖的位置を占めるからであろう。

いっぽう、『書紀』は、敏達四年正月に広姫を皇后に立てたことを記し、押坂彦人大兄《おしさかひこひとおおえ》皇子と二人の皇女を生んだことを記し、是月条に、春日臣仲君の女老女子夫人と、采女《うねめ》伊勢大鹿首小熊の娘菟名子《うなこ》夫人の入内、それぞれの皇子女を列記している。そして同年十一月条に、突然皇后広姫の死を記している。そして、それを待っていたかのように、翌五年三月、豊御食炊屋姫尊の立后を記し、その皇子女を列記している。これらのことから、広姫は豊御食炊屋姫（後の推古女帝）の立后により、政局の主導権を掌握しようとする蘇我氏によって暗殺されたとする見解もある（山尾幸久「大化改新論序説」『思想』五二九・五三一、一九六八年）。

蘇我氏は欽明朝に、急速に頭角をあらわした新興の豪族であって、欽明の妃に稲目の娘、堅塩媛《きたしひめ》・小姉君の二人を入内させ、その所生の推古《すいこ》・用明《ようめい》・崇峻《すしゅん》が即位するように、外戚として朝廷の実権を握ることになるのであって、広姫の存在は確かにその障害のひとつであったとみられる。しかしながら、蘇我氏は敏達朝段階においては、いまだそれほど大きい力を持っていたとは考えられず（門脇禎二『「大化改新」論―その前史の研究―』徳間書店、一九六九年）、私は逆に広姫の立后のほうに疑問をもっている。なぜなら右にも指摘したように、広姫の生んだ彦人大兄皇子は、欽明の父であり、天智・天武からは「皇祖大兄」と呼ばれたように、始祖的な存在であったのである。したがって、舒明はもちろん、天智・天武をはじめ、その系譜につながる奈良時代の天皇家にとって、彦人大兄皇子とその母広姫を顕彰することは、その王統の正当性にかかわることであったと考えられる。

したがって、広姫が妃でなく、皇后であることは、その子彦人大兄皇子の、王統に占める重要性を、大きく高める効果があるからである。おそらく彦人大兄皇子の即位が現実化しなかったのは、広姫が近江坂田の一豪族の娘で、れっきとした欽明の皇女で、母は有力な中央豪族、蘇我氏の出身である推古とは、比べものにならない存在であったからと考える。『書紀』が広姫の立后とその死をあわただしく叙述し、推古の立后を記すのは、そのような配慮によるものと考える。おそらく広姫は立后されることなく、彦人大兄皇子を残して、早く亡くなったのではなかろうか。そして、そのことも彦人大兄皇子が即位できなかった事情を示していると考える。そして彦人大兄皇子は、息長氏により養育され、成長したと考えられる。したがって、広姫が敏達妃として入内したからといって、直ちに息長氏の勢力が中央において急速に伸張したのではなく、ようやくその足場を築いたというところであろう。実際、これ以降中央においては、蘇我氏の全盛期が始まる。王位は用明・崇峻・推古と蘇我系によって独占され、彦人大兄皇子の即位は実現しなかった。息長氏も当然蘇我氏への接近をはかったとみられる。彦人大兄皇子と糠手姫《ぬかてひめ》皇女との間に生まれた田村皇子（後の舒明）の妃として、大臣蘇我馬子の娘法提郎女《ほほてのいらつめ》を入れているのは、そのあらわれである。そしてそれが結果的には、息長氏に思わぬ幸運をもたらすことになる。

舒明朝の成立と息長氏　推古三十六年（六二八）三月、死後の王位継承に不安を残して、老齢の推古女帝が亡くなった。女帝の心配のとおり、王位をめぐって、山背大兄《やましろおおえ》皇子を支持するグループと、田村皇子を擁立するグループでの間に対立がおこり、論議は容易に決しなかった。常識的にみるなら、純粋な蘇我氏系の皇子である山背大兄皇子の即位が順当であると思われるが、この段階で田村皇子の即位が有力化したのは、さきにみたように、その妃が蘇我氏の娘で、時の大臣蘇我毛人《えみし》の妹であったからであり、二人の間にはすでに古人大兄皇子が生まれていたのである。推古朝の成立段階で、すでに反対勢力を一掃していた蘇我氏は、しだいに一族内部において、族長権をめぐる対立を深めていたらしい（門脇禎二『「大化改新」論―その前史の研究―』前掲）。そして強力な指導力で一族をまとめてきた大臣蘇我馬子の死の直後から、その対立は急速に表面化した。

すなわち、馬子から蘇我氏本宗家の族長権を継承した蝦夷と、馬子の弟である境部摩理勢《さかいべまりせ》の対立が、王位継承をめぐる対立として表面化した。蝦夷が田村皇子を擁立したのは、摩理勢がいち早く山背大兄皇子を支持したこともあるが、田村皇子の子古人大兄皇子に期待をもっていたためであろう。この舒明即位前夜における王位継承をめぐる紛擾事件は、蝦夷による摩理勢打倒という武力行使により決着し、舒明の即位が実現する。この間の事情から明らかなように、舒明朝の成立は、舒明その人の血統によるものではなく、当然息長氏によるバックアップによるものでもなく、時の実力者蘇我大臣蝦夷の政治的判断によってなされたことは明白であろう。ただ舒明朝の成立によって息長氏の中央における地位は、飛躍的に上昇したとみられ、『書紀』皇極元年十二月条にみえる。舒明天皇の喪において、息長山田公が、「日嗣を誄《しの》び奉《まつ》」ったとあるのは、それを物語っている。また舒明の和風諡号は、オキナガタラシヒロヌカノスメラミコトであり、オキナガという氏族名を含むものである。これを

「息長氏が養育したてまつった額の広い（聡明な）天皇」の意とする見解もあるように（薗田香融「皇祖大兄御名入部について」『日本書紀研究』第三冊、塙書房、一九六八年、のち『日本古代財政史の研究』塙書房、一九八一年に収録）、息長氏はあくまで舒明の資養氏族として、背後から支えていたのである。

乙巳《いっし》の変において、舒明の子である中大兄《なかのおおえ》皇子（後の天智）が中心となって、蘇我氏本宗家を打倒したことから、蘇我氏全盛時代の用明朝以降、反蘇我の中心に息長氏が存在し、近親婚を繰り返し王統の血統化を支えたとする考え方が出されているが（薗田香融「皇祖大兄御名入部について」前掲）、舒明朝の成立事情から明らかなように、それは結果論に過ぎないと考える。即位した舒明は押坂彦人大兄皇子の子茅渟《ちぬ》王の娘宝皇女を皇后とした。皇后は後の天智天皇である中大兄皇子、天武天皇の大海《おおあ》人《ま》皇子、孝徳天皇の皇后になる間人《はしひと》皇女を生んでいる。中大兄皇子の養育に息長氏がかかわっていたことは、後に中大兄皇子が伝領していた「皇祖大兄御名入部《みなのいりべ》」を献上していることなどから推測される。舒明十三年（六四一）、天皇は百済宮で亡くなり、皇后の宝《たから》皇女が即位した。皇極《こうぎょく》女帝である。

皇極の即位は、舒明の皇子がいずれも成人に達せず、しかも蘇我氏腹の古人大兄皇子と、皇后所生の中大兄皇子という、王権の分裂の火種をかかえていたからと考える。おそらくこのころには、蘇我氏の権力にもかげりが生じ、反対勢力の結集も進みつつあったとみられる。そして皇極四年（六四五）六月、乙巳の変のクーデターが生起する。

天武朝の息長氏　クーデターに成功した中大兄皇子は即位せず、皇極女帝の兄軽《かる》皇子が即位し、孝徳天皇となり、中大兄皇子は皇太子となった。このクーデターに息長氏が関与していた形跡はなく、その政治史上への登場は、天智朝、壬申の乱後の天武朝を待たねばならない。天智による近江大津宮への遷都に、近江の諸豪族が一定の役割を果たしたことは推測されるが、具体的にはほとんど明らかでない。ただ天智の没後、近江を主要な舞台として繰り広げられた壬申の乱における諸豪族の対応は、その一端を示唆している。

たとえば、さきに継体朝の成立に重要な役割を果たしたことを指摘した近江高島の豪族三尾君氏は、乱後の天武朝において、他の継体擁立勢力のように、真人姓を賜り皇親の列に加わっておらず、壬申《じんしん》の乱時の三尾城をめぐる攻防の中没落したとみられ、三尾君氏が、近江朝廷と密接な関係にあったことが窺える。また、さきに継体擁立勢力として検討を加えた近江臣氏の場合も、壬申の乱後の動静は明らかでなく、おそらく近江朝廷側に深くかかわったためとみられる。湖西南部に本拠のあったとみられる近江臣氏は、当然近江大津宮への遷都に、大きな役割を果たしたと考えられる。また、壬申の乱における激戦地のひとつである、野洲川右岸に本拠のあった、近淡海安国造＝安直氏の場合も、壬申の乱後の動向は明らかでなく、近江朝廷側について没落した可能性が大きい。

いっぽう、壬申の乱後も、一定の勢力を保っていた諸氏は、多かれ少なかれ大海人皇子に協力したものと考えられる。近江の古代氏族で、壬申の功臣であることを明記されるのは、伊香郡の豪族とみられる膽香瓦臣《いかごのおみ》阿倍、坂田郡出身の坂田公雷《いかずち》の二人であるが、具体的な役割は明らかでない。これ

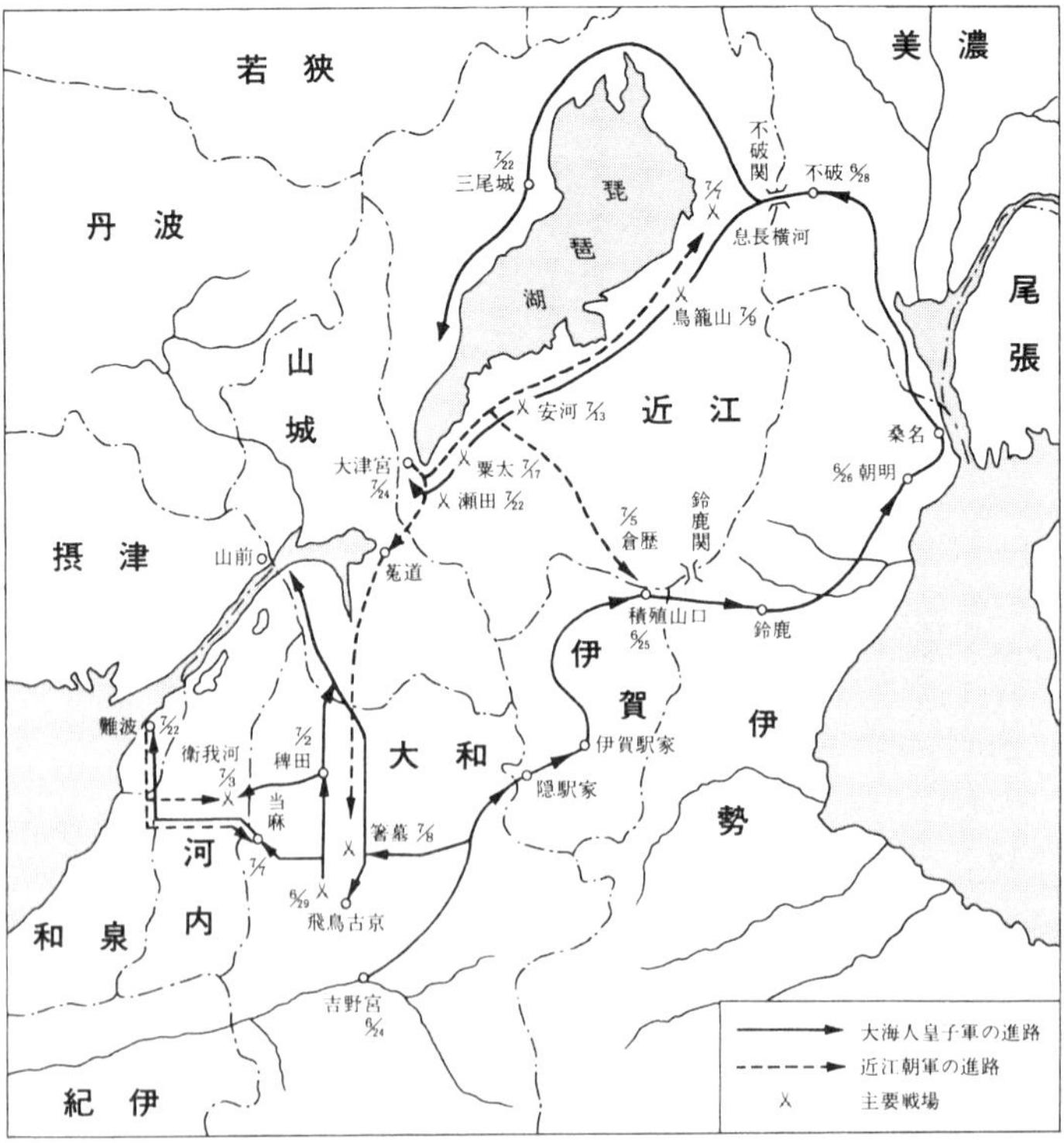

図41　壬申の乱関係地図

に対し、壬申の乱において、顕著な働きが確認できるのは、蒲生郡の出身とみられる、羽田公八国《はたのきみやくに》と大人《うし》の父子である。八国と大人は当初近江朝廷側の将軍として出陣していたが、犬上郡の犬上川浜に進出していた近江朝廷軍に内紛が生じ、これを契機に大海人側に転じたのである。二人はこの後、湖西方面から近江大津宮を衝く部隊の将軍として活躍しており、羽田公は天武朝において、真人《まひと》姓を賜うとともに、八国が朱鳥元年の死の直前まで大弁官の地位にあったように、大いに登用されている。また、村国男依《むらくにのおより》らとともに、先遣隊として美濃に派遣され、近江大津宮攻略の将軍として活躍した和《わ》邇部臣君手《にべのおみきみて》は、これも先に検討した、湖西の和邇氏系の有力氏族、近淡海国造＝和邇部臣氏の一族とみられる。壬申の乱後、その一族が滋賀郡大領となっていることも、それを裏付けている。

　息長氏が壬申の乱後において、どのような立場をとっていたのかについては、直接的な記述はないから、間接的に推測するほかないが、息長氏の本拠は、壬申の乱諸戦の激戦地であり、坂田郡の諸豪族と同様、好むと好まざるとにかかわらず、旗色を明らかにすべき立場にあったとみられる。そして坂田公雷の活躍や天武朝における息長氏のあり方から、大海人皇子軍において、顕著な功績があったことが推測される。天武朝における息長氏のあり方を端的に示すのが、天武十三年に制定された、いわゆる天武八姓である。姓は令制以前の族制的な身分秩序の基本をなすものであったが、律令体制の成立により、令制的な政治秩序との間に矛盾が生じたため、それを根本的に整理すべく、取られた律令国家の対氏族政策が、天武八姓であった。そして、その眼目となったのが、天武八姓制定の当日に賜姓のなされた、第一位の真人である。カバネ真人は、皇親の社会的地位を確立して、天皇絶対性の支柱にしようとしたもので、その大半が継体天皇以降に臣籍に降った王族に出自することを主張している。ただ詳しくみていくと、真人賜姓氏族には、丹比《たじひ》・猪名《いな》氏など、明らかに王族の出身とみられるものと、息長氏と三国氏のように『古事記』の「若野毛二俣王系譜」に結集し、継体の出自系譜につながろうとする地方豪族の大きく二つのグループがあるようで、いずれも壬申の乱においては、重要な役割を果たしていたことが指摘されている（倉本一宏「真人姓氏族に関する一考察」『続日本紀研究』二三一、一九八四年、のちに改訂して『日本古代国家成立期の政権構造』吉川弘文館、一九九七年に収録）。

以上のように息長氏は、天武八姓によって真人を賜姓され、天武による「皇親政治」の一翼を担うことになるのであるが、息長氏は天武朝のいまひとつの重要施策である修史事業においても、大きな役割を果たしたと考えられる。天武朝の修史は、『古事記』の序文にもあるように、壬申の乱という、古代史上最大の内乱を契機として本格化したものであり、王位を武力により簒奪した天武が、その正当性を主張するとともに再びかかる事態が自らの王統に生起することがないように、皇統の神聖化・超越化をはかるために推進したものと考えられている。したがって、天武の王統にとって、始祖的な存在である彦人大兄皇子の母である広姫の出身氏族である息長氏についても、その出自や来歴について、大きな注意がはらわれ、真人賜姓氏族としての過去を、できるだけ強調しようとする息長氏の主張が大幅に取り入れられ、『古事記』の「日子坐系譜」や、「倭建命《やまとたけるのみこと》系譜」「神功皇后をめぐる系譜」「若野毛二俣王系譜」など、息長氏の関与の著しい系譜が形成され、息長氏の皇親としての過去を飾ったと考えられる。ただ、近江の他の有力豪族のように、『記紀』にまとまった所伝（物語）を残すことはなく、系譜への関与のみに留まったことは、注意すべきであろう。したがって、息長氏の政治的進出の出発点は、『記紀』が主張するような遠い過去のことではなく、あくまで継体朝の成立を契機とする、敏達妃広姫の入内以降であり、皇祖大兄＝彦人大兄皇子の誕生を画期とするものであって、それを確実なものとしたのは、壬申の乱における一定の役割であり、それに勝利した天武朝の成立にほかならなかったのである（大橋信弥『日本古代国家の成立と息長氏』前掲）。

四　継体朝成立前夜の政治過程—和邇氏と息長氏の動向を中心に—

はじめに

継体朝の成立については、戦後、王朝交替説を提唱された水野祐氏によって継体新王朝論が、さらには戦前の紀年錯簡論・政変論を内乱論に深化した林屋辰三郎氏による継体・欽明朝内乱説が相ついで公表され（水野祐『増訂日本古代王朝史論序説』前掲、林屋辰三郎「継体欽明朝内乱の史的分析」『立命館文学』八八、一九五二年、のち『古代国家の解体』東京大学出版会、一九五五年に収録）、その史的意義が明らかにされて以降、わが国の古代国家形成史上の重要な画期として、大きくクローズアップされるに至った。

そして、水野・林屋両氏の説を継承した直木孝次郎氏による継体＝近江・越前地方豪族説は、新王朝論をさらに具体化するとともに、その後の研究に大きな影響を与え、岡田精司氏による近江大王家論・継体＝息長《おきなが》氏出自説として、一つの達成をみるに至った（直木孝次郎「継体朝の動乱と神武伝説」前掲、岡田精司「継体天皇の出自とその背景」前掲）。

一方、このような継体新王朝論に対する反論もいくつか提出され、特に『釈日本紀』所引「上宮記一伝」の系譜の詳細な史料批判によって、応神《おうじん》五世孫という系譜の信憑性を裏付けようとした坂本太郎・黛弘道氏の研究は、その代表例であるし、その後も、息長氏を〈皇親的氏族〉とみる立場から、継体＝息長氏出自説を支持したうえで、新王朝論を否定する平野邦雄氏の新しい見解が出されている（坂本太郎「継体紀の史料批判」『国学院雑誌』六二―九、一九六一年、のちに『日本古代史の基礎的研究』上、東京大学出版会、一九六四年に収録、黛弘道「継体天皇の系譜について」前掲、平野邦雄「六世紀、ヤマト王権の性格」『東アジア世界における日本古代史講座』四、学生社、一九七七年）。

私も、継体朝の成立について詳細な検討を行ない、息長氏出自説が成立し難いことを指摘したが、継体朝の成立をめぐる諸豪族の動向や政治過程については、十分に論じることができなかった（大橋信弥『日本古代国家の成立と息長氏』前掲）。そこで、ここでは和邇氏と息長氏の役割に焦点を絞って、検討することにしたい。

1　息長・和邇氏と王統譜

継体朝の成立にあたって、その擁立勢力として特に注目されているのが、和邇《わに》氏と息長氏である。そして、その重要な根拠となっているのが、両氏と深くかかわる、応神から敏達《びたつ》に至る五世紀を中心

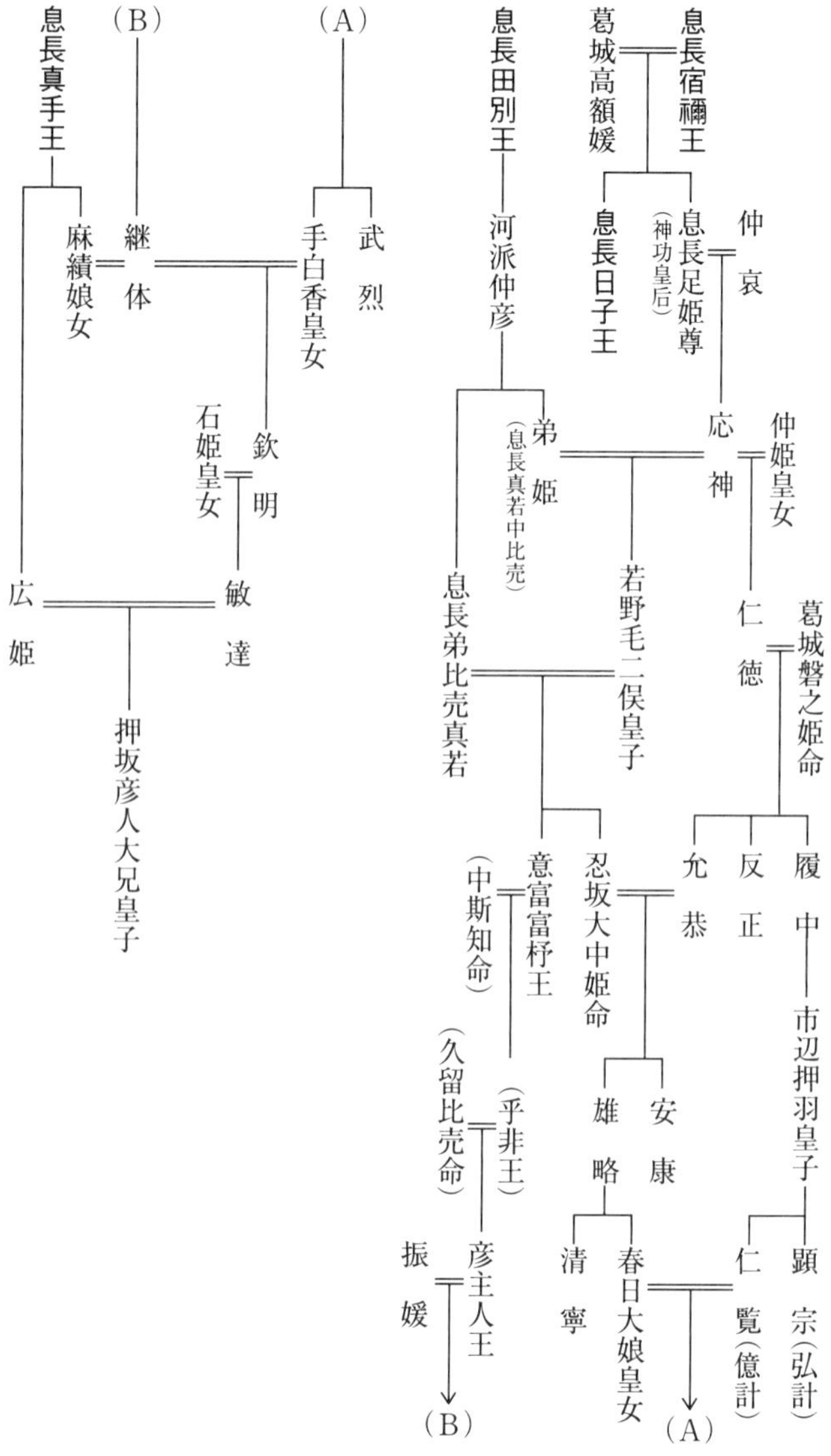

図42　息長・和邇氏と王統譜

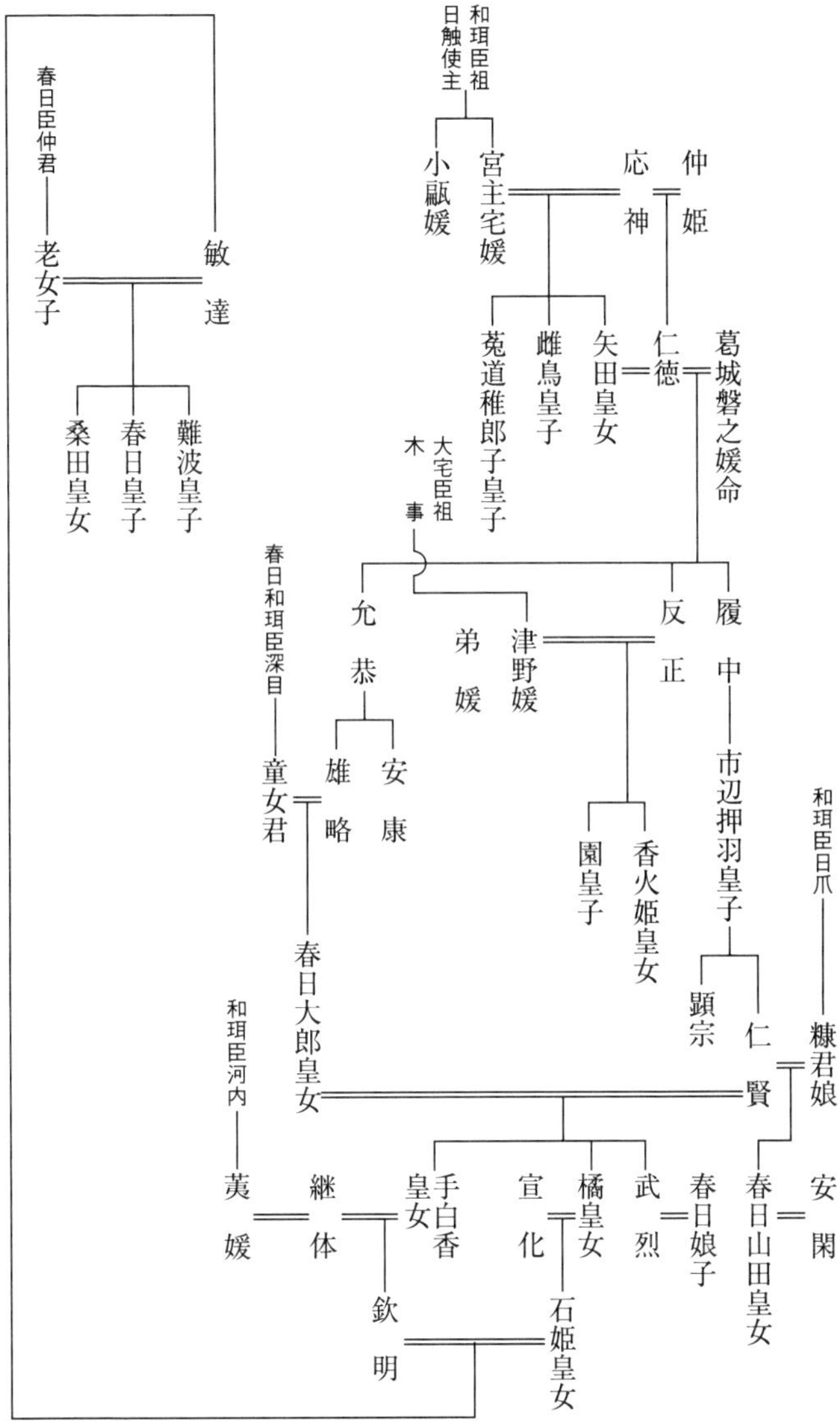
和珥臣祖日触使主
宮主宅媛
小甂媛
応神
仲姫
仁徳
葛城磐之媛命
矢田皇女
雌鳥皇子
菟道稚郎子皇子
大宅臣祖木事
履中
反正
允恭
津野媛
弟媛
市辺押羽皇子
香火姫皇女
園皇子
安康
雄略
春日和珥臣深目
童女君
仁賢
顕宗
和珥臣日爪
糠君娘
春日大郎皇女
安閑
春日山田皇女
春日娘子
武烈
橘皇女
宣化
手白香皇女
継体
和珥臣河内
荑媛
欽明
石姫皇女
敏達
春日臣仲君
老女子
難波皇子
春日皇子
桑田皇女

とする王統譜の存在である。まず和邇氏については、図42からも知られるように、多くの后妃を輩出している。開化《かいか》后を筆頭に、応神・反正《はんぜい》に各二人、雄略《ゆうりやく》・仁賢《にんけん》・継体・欽明《きんめい》・敏達と、五世紀代に比定される大王の過半を占めている。そしてさらに、和邇氏系の后妃で、顕著な点は、その所生した皇子の即位例は少ない（武烈のみ）にもかかわらず、皇女を介在して、后妃の関係が重複していることである。

たとえば、和邇氏腹の雄略皇女の春日大娘《かすがのおほいらつめ》皇女が仁賢后となって、武烈・手白香《たしらかの》皇女・橘《たちばな》皇女などをもうけている。また継体后となった手白香皇女が欽明をもうけていることや、宣化后となった橘皇女が、欽明后の石姫《いしひめ》皇女をもうけ、石姫が敏達を生むというのが、その代表例である。和邇氏の后妃について、早く詳細な検討を加えられた岸俊男氏は、「その皇女が多くまた再び后妃となるように、后妃関係が重複されている」と指摘されている（岸俊男「ワニ氏に関する基礎的考察」前掲）。これを継承した平野邦雄氏は、かかる関係から、和邇氏を息長氏とともに、〈皇親的氏族〉としてとらえることを提唱し、王権の双系的な継承という視角から、両氏を実質的な王族とみる見解を示されている。しかしながら、川口勝康氏が指摘されるように、これらの王統譜には、多くの作為の可能性があり（川口勝康「五世紀の大王と王統譜を探る」前掲）、単純にそのすべてを信用してよいかどうかは、大きな問題があると言えよう。

一方、息長氏の場合も、王統譜と密接な関係をもっている。仲哀《ちゆうあい》・応神・継体・敏達に直系の后妃を入れるほか、息長腹の応神皇子若野毛二俣王《わかのけふたまた》と弟日売真若《おとひめまわか》（息長系）の間に所生した、忍坂大中姫命《おしさかのおほなかつひめのみこと》が允恭《いんぎょう》后として安康《あんこう》・雄略をもうけており、その弟意富富杼王《おほほど》が、実質的な継体皇統の祖となるなど、その関係は、右にみた和邇氏のそれと、よく似たあり方を示している。

ただ、和邇氏の場合と異なる点は、第一に后妃の父が、敏達后に至るまで、すべて「某王」とされ、直接氏族名が出ていないこと。第二に、一部允恭・雄略王統ともかかわるものの、あくまで応神―継体の王統と集中的にかかわっていることである。第一点は、岡田精司氏も指摘されるように、息長氏が天武朝に真人《まひと》姓を得たことと深くかかわるようであるし、第二点についても、継体の出自を明確化することと密接につながっているとみられ、吉井巌氏が指摘されたように、息長氏の王統譜への関与を示すものであろう（吉井巌「応神天皇の周辺」『天皇の系譜と神話』塙書房、一九六七年）。

ただ、この点についても、平野邦雄氏は、「古代王権の継承は、形式上、男系主義をとるが、実質上は女系が、つまり姻族関係を媒介としないでは語れない」とする視角から、「大王家のバックグラウンド」＝〈皇親的氏族〉として息長氏をとらえ、その系譜についても、一部を除いて史実に基づくと考えてよいと主張された。

以上、和邇氏・息長氏が、王統譜と深くかかわることについては、一部を除いて史実とみる立場と、大半を作為とみる、二つの立場のあることを指摘した。私は、必ずしも、すべてを作為とは考えないが、『記紀』において定着した王統譜には、多くの作為の跡のあることも事実であって、史実と造作を明確化することが必要であると考える。そしてそれと同時に、和邇氏と息長氏を同じ脈絡の中でとらえることについても、問題の本質を見失わせる危険があると考える。

2　作為された和邇・息長系譜

まず、和邇氏にかかわる王統譜をみると、和邇氏腹の雄略皇女春日大娘皇女《かすがのおおいらつめのひめみこ》が仁賢后となり、武烈・手白香らを生むことによって、履中《りちゅう》皇統と允恭皇統の統合がなされる。また、手白香が継体后となり、欽明を生むことにより、仁徳《にんとく》皇統と応神皇統の合一がなされる。また、仁賢皇女と宣化《せんか》の間に所生した石姫皇女が欽明后となって敏達を生んだことにより、欽明と安閑《あんかん》・宣化の王統が統合される。このように、五世紀の王統統合の結節点に、和邇系の后妃が配されている。

川口勝康氏が指摘されるように、王統譜の一系主義的統合の意図・作為が明らかである。事実、和邇氏にかかわる系譜には、若干の混交があり、作為の痕跡を明らかにしている。たとえば、仁賢妃の糠君娘《あらきみのいらつめ》は、和珥臣日爪《わにのおみひつめ》の女《むすめ》とあって、後の安閑后春日山田《かすがのやまだの》皇女を生んだとあるにもかかわらず、欽明妃の糠子《あらこ》も、春日日抓臣《ひつめのおみ》の女で、春日山田皇女を生んだとあったり、継体妃の荑媛《はえひめ》が、『書紀』に和珥臣河内の女とあるにもかかわらず、『古事記』には阿倍之波延比売《あべのはえひめ》とあるように、異説の存在が露見し、王統譜に対する操作の過程がうかがえるのである。ただその場合、異説の存在からも明らかなように、部分的に形成されていた王統譜を整理・改変して、統合がはかられたわけで、和邇氏が五世紀の王統と深い関係にあったことは、必ずしも否定し得ぬところであろう。

一方、息長氏にかかわる王統譜の場合は、右に指摘したように、和邇氏と異なり、それが継体の父祖系譜のみに集中するという特質をもっている。応神の母で仲哀后の息長足姫尊《たらしひめのみこと》（神功）、応神后、応神皇子若野《わかの》毛《け》二俣《ふたまた》王妃と、継体の父祖の系譜に深くかかわる位置を占めている。これは本来、「応神五世孫」として、その出自に不明確な点を残していた継体の父祖系譜の形成に息長氏が関与していたことを示すとみられる。だが、『記紀』の所伝より古い様相をもつとされる「上宮記一云」の系譜には、息長氏の影がまったくみえないところから、息長氏の王統譜への関与はかなり新しく、系譜が一旦まとめられた後に加上された可能性が考えられる。

このことは、応神にかかわる系譜と物語を詳細に検討された、吉井巌氏の指摘されるところでもある。吉井氏は加上の時期を天武朝とされている。周知のように、天武朝はわが国初の本邦史の編纂が開始された時期であり、「皇親政治」と呼ばれる天武親政をささえるものとして、天武八姓が制定され、息長氏がその筆頭の真人姓を賜わっている。そして息長氏こそ、天武が皇祖と仰ぐ、押坂彦人《ひこひとの》大兄《おおえ》皇子の母広姫の出身氏族だったのである。天武朝における天皇家と息長氏の立場は、完全に一致していたのである。息長氏の関連系譜にあっても、敏達后の広姫と継体妃麻績郎女《をくみのいらつめ》の父が、いずれも息長真手《まて》王とあったり、若野毛二俣王の母と妃が、『古事記』、「上宮記一云」では、いずれも弟日売

図43　広姫をめぐる王統譜

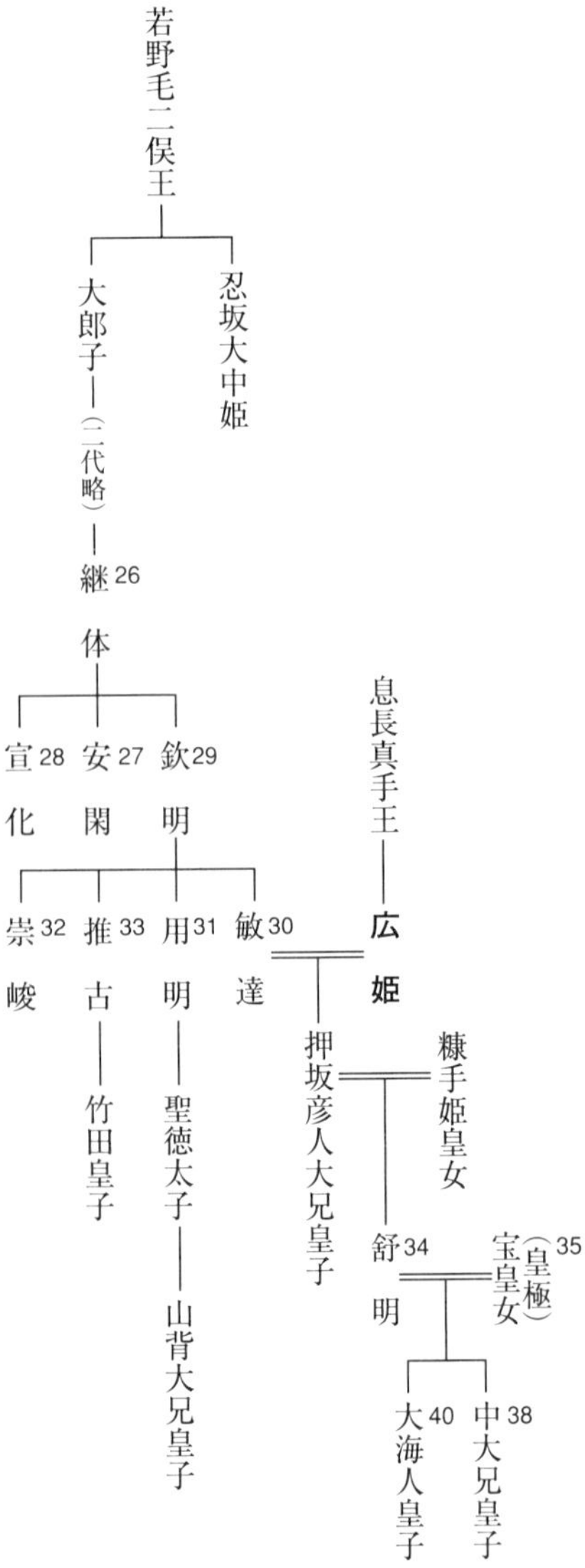

真若比売命とするなど、所伝上の混乱・未整理が露見しており、作為の過程がうかがえる。

このように、王統譜にみえる和邇氏と息長氏にかかわる系譜については、多くの作為の過程を経て形成されたことが明らかになっている。とくに息長氏にかかわるものについては、その大半が天武朝ころに加上された可能性が高く、継体妃にさえ疑惑が残るのである。ただ、和邇氏に関する系譜については、王統の一系主義的統合の立場から改変が加えられているものの、それを除けば必ずしもすべてが「机上の述作」とは断定しがたいことも明らかになった。そこで次に、こうした検討を前提として、継体朝の成立に至る政治過程を具体的に分析して、和邇氏・息長氏の動向に迫ってみたい。

3　雄略から継体に至る政治過程

雄略崩後のこととして、『記紀』はその子清寧《せいねい》が即位するが、ほどなく清寧も崩じ、日嗣《ひつぎ》の王が絶えたため履中天皇の子市辺押羽《いちのべのおしは》皇子の遺児億計《おけ》（顕宗天皇）・弘計《をけ》（仁賢天皇）の二王が播磨から迎えられて、相ついで即位したことを物語る。そして仁賢の後に即位した武烈にも子がなく、その死後再び日嗣の王が絶え、応神五世孫の継体が、近江ないし越前より迎えられ、即位したことが述べられている。

水野祐氏はその独自の諡号《しごう》論、古事記干支《かんし》論に依拠して、清寧・顕宗・仁賢・武烈を架空の天皇とし、顕宗・仁賢の姉（姨《おば》）飯豊《いいどよ》皇女が雄略の崩後即位したとしている（水野祐『増訂日本古代王朝史論序説』前掲）また、顕宗・仁賢を同一人物と考える山尾幸久氏の見解などもみられる（山尾幸久『日本古代王権形成史論』前掲）。

雄略の崩後、次期王位は、まず葛城腹の白髪《しらか》皇子に約束されていたことは間違いないところであろう。白髪については、右に指摘したように、和風諡号や在位年数などから、その実在を疑われている。

しかし、まったくその実在の可能性のない開化以前の天皇と異なり、曲がりなりにも、その実在が確認される倭の五王以降の場合とは、やはり区別して考えるべきであろう。私は清寧の即位は現実化したが、即位することなく、没したのではないかと考える。水野氏の指摘された点は、それを裏付けると考えるが、顕宗・仁賢の即位をめぐる物語で、本来的な所伝を伝えるとみられる『古事記』が、二

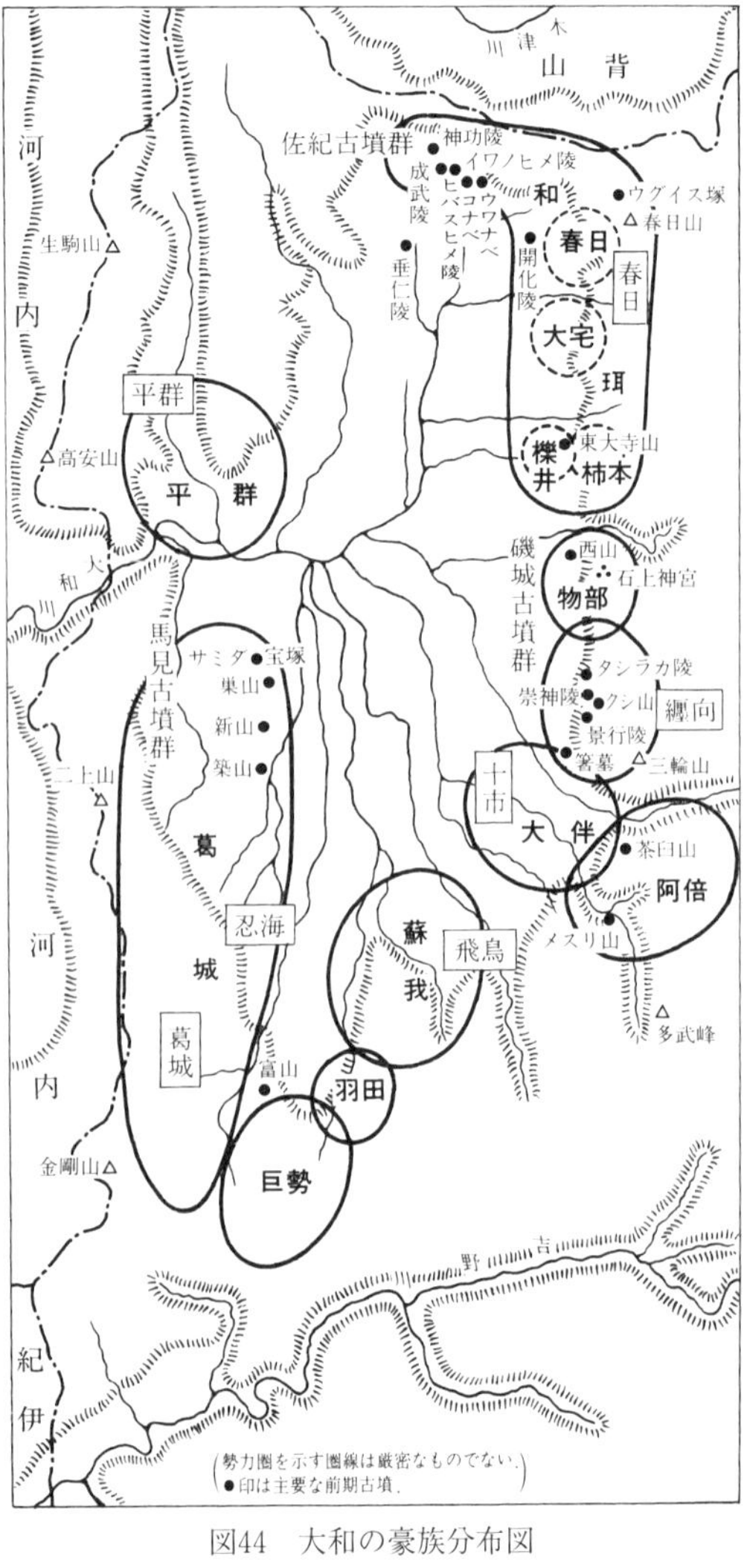

図44　大和の豪族分布図

王の発見を清寧の死後としていること、『記紀』いずれも、清寧独自の所伝をほとんど伝えず、その大半を顕宗・仁賢の発見物語に費やしていることなども、それを補強する。そして、『書紀』が、清寧を雄略の第三子とし、その兄にあたる吉備腹の星川皇子《ほしかわ》が「稚宮《わかみや》」とされていることは、清寧が即位することなく夭折したことを示唆するといえよう。

白髪皇子が即位せず夭折したと考えられるなら、当然、残る吉備腹皇子の即位が現実化したとみられる。が、周知のように『書紀』は、雄略がその死にあたって、大伴室屋大連《おおとものむろやおおむらじ》らに長大な遺詔を残し、星川皇子に叛意のあることを指摘していたと書いている。そして、雄略の崩後、星川は母のそそのかしもあって、反乱を起すが、事前に察知していた大伴室屋らにより、すぐに打倒されている。

これらは、いかにも作為性の強いもので、意図的に星川の反乱をフレームアップするものであり、とうてい史実とすることはできない。そして別に詳しく検討したように、「雄略紀」に集中的に配置されている、いわゆる吉備氏反乱伝承は、内容的にも星川皇子反乱事件と深く関連しており、その反乱をより強調すべく構成されたとみられる（大橋信弥「『吉備氏反乱伝承』の史料的研究」『日本古代の王権と氏族』前掲）。

私は、このような『書紀』編者の意図とは逆に、右に述べたごとく、即位することなく夭折した清寧にかわって、吉備腹皇子の即位が現実化したため、それに反対する勢力が、顕宗・仁賢を擁立して、阻止のクーデターを敢行したのが事実に近いと考える。そしてその擁立勢力こそ、和邇氏と葛城氏であったと考える。顕宗・仁賢朝が、葛城腹の二皇子と和邇腹の雄略皇女春日大娘皇女の婚姻により成立していることは、その一証であるが、両氏の性格や来歴からも裏付けることができる。

葛城氏は、雄略朝成立前夜に、その本宗が滅亡したが、依然大和の西南部に勢力を保持していたとみられ、かつては大王家と肩を並べる大和政権の構成員として、対外関係にも中心的な役割を果たした伝統的な豪族である。いっぽう和邇氏も、同じく大和政権の有力な構成員として、大和東北部を基盤とする豪族とみられ、大和政権による初期の「国土統一」の主力を構成したと考えられており、平《へ》群《ぐり》氏などとともに、いわゆる〈大和旧族層〉として、大王家との姻族関係を軸に大きな勢力を得ていたのであろう（井上光貞「帝紀からみた葛城氏」前掲、門脇禎二『葛城と古代国家』教育社、一九八四年、岸俊男「ワニ氏に関する基礎的考察」前掲）。したがって、吉備腹皇子の即位は、両氏にとって、その特権にかかわる重大な危機であったと考える。

なお、顕宗・仁賢の出自については、その不可思議な即位にいたる所伝や異伝の多い系譜から、非実在説や地方豪族出自説も提示されている。事実、雄略朝成立前夜の市辺押磐皇子の難死にはじまり、二王が播磨へ流離する物語は、二王の即位を正当化するために述作されたものである。また、市辺押羽皇子の遺児であることについても疑惑は残るが、結論のみ述べるなら、二王は父の難死後、姉の飯豊とともに、その母族葛城氏のもとに雌伏していた可能性が大きいと考える（大橋信弥「顕宗・仁賢朝の成立をめぐる諸問題―継体朝成立前史の研究―」前掲）。

さて、顕宗・仁賢朝から武烈朝の動向は、『記紀』の記述から、確実とみられる史実を復元することはきわめて困難である。わずかに一時期平群氏の台頭があった可能性もあるが、伴造《とものみやつこ》勢力を背景とする大伴氏・物部氏が、雄略朝以降、葛城・和邇両氏と連携し、一定の勢力を得ていたことも、間違いないところであろう。そして武烈の崩後、再び「日続知らす可き王無し」という事態が生じ、『古事記』によるなら、「故、品太《ほむだ》天皇五世孫、袁本杼命《おほどのみこと》を、近淡海《ちかつおうみ》の国自り上り坐さ令メ而、手白髪命に合せまつりて、天下を授ケ奉りき」と、継体の登場となるのである。

4　継体の出自と生いたち

『古事記』の簡略な記述に対し、『書紀』は、武烈の崩後、大連大伴金村が群臣に議して、日嗣の王を求め、まず仲哀五世孫倭彦《やまとひこ》王を迎えようとしたが失敗し、改めて越前三国にいた継体を迎えようとしたが再三固辞され、ようやく旧知の河内馬飼首荒籠《かわちのうまかいのおびとあらこ》を遣わして、河内の樟葉宮《くずはのみや》に迎えたとある。また即位した継体は、山城の筒城《つつき》・弟国《おとくに》と遷宮を繰り返し、即位二十年にして大和磐余玉穂宮《いわれのたまほ》に入ったことなど、詳細に記述しており、このような所伝が、一定の根拠をもって伝えられたと考えるが、継体の出自については、これまで多くの疑問が表明されている。

まず父祖系譜については、その名に限定しても、父彦主人《ひこうし》王を除けば、二俣王・大郎子・乎非《おひ》王など、実名というより通称または追称的なものばかりで、実名が明確に伝わった形跡はなく、継体がその祖を応神に求めていたこと以外、一定の根拠をもって明らかにできない。ただ、その父彦主人王について『書紀』は、近江高島の「別業《なりどころ》」に居住していた時、越前三国の振媛《ふるひめ》と結ばれ継体が生まれたこと。また、まもなく王が没したため、振媛は継体を伴って三国に帰ったとする。つまり、近江や越前はあくまで継体の出生・成長の地であって、彦主人王の本拠は、明確でないが近畿中枢にあり、近江・越前と深いつながりを持っていたことが推測される。そして、「上宮記一云」によって知られる母系の系譜からも、継体が近江から越前の諸勢力の下で成長したことを示している。

継体の后妃は、『古事記』に七人、『書紀』に九人の名がみえる。このうち、大后とされる手白香を除いて、まず注目されるのは、『書紀』が「元妃《はじめのみめ》」とする尾張連草香《おわりのむらじくさか》の女、目子媛《めのこ》である。目子媛は安閑・宣化の母であって、当然、手白香立后以前の正妃たる位置にあったとみられる。手白香・目子媛についで重要な位置を占めるのが、「次妃《つぎのみめ》」とされる三尾角折君《みおのつのおりのきみ》の妹＝稚子媛《わかこ》である。『古事記』はこの妃を筆頭に上げており、最も早く入内した可能性が高いとみられるが、三尾氏からは今一人、三尾君堅楲《かたひ》の女倭《やまと》媛を出している。継体とのつながりは、予想以上に強かったのであろう。そしてこのほか、坂田大跨王《さかたのおおまた》の女、息長真手王の女、根王の女と近江にかかわるものと、茨田《まむたの》連小望《おもち》の女のように摂津にかかわるものとがみえる。継体の背後に、越前・近江・尾張・摂津の勢力が、深くかかわっていたことが判明する。そして、『書紀』に第七妃とされる和珥臣河内女、荑《はえ》媛の存在は、和邇氏が唯一の中央豪族であることから、とくに注目されるところである。私は継体の擁立勢力としては、この和邇氏と、さきに指摘した三尾氏がもっとも有力な位置を占めると考える。

三尾氏は、彦主人王の別業のあった近江高島の豪族であった。「上宮記一云」の振媛の系譜にみえる伊波都久和希《いわつくわけ》は、『古事記』に羽咋君《はくいのきみ》と三尾君の祖とされ、垂仁紀に三尾君の祖とある石衝別《いわつくわけ》命と同一人物とみられ、越前とも深いかかわりをもっていた。そして、和邇氏も岸俊男氏が指摘されるように、大和北部から南山城・近江にかけて、大きな勢力をもっていた。三尾氏と和邇氏の関係を直接示すものはない。しかし、孝昭《こうしょう》記の和邇氏同祖系譜には、高島を本拠とする都怒山臣《つぬやまのおみ》氏や、湖西南部に本拠をおく小野臣・近淡海国造の名がみえ、その勢力圏の重複が知られる。そして、それはさきにみた継体の父彦主人王の勢力圏と重なるのである。

以上の諸点から私は、雄略崩後、葛城氏の勢力の中で温存されていた顕宗・仁賢がまず擁立されたのに続いて、和邇氏の勢力の中で成長した継体が即位することになったと考える。したがって、ここからも近年有力化している継体＝息長氏出自説や、息長氏を継体擁立の中心的な勢力とする見解には、加担することはできない。

息長氏の中央進出については、敏達后広姫の入内が、大きな画期であったと考えるが、その前史として、継体朝の成立により、越前・近江・美濃・尾張の諸豪族が登用されることになったこととも深くかかわると考える。そして、その場合、息長氏の本拠近江国坂田郡の地理的位置からして、継体に目子媛を入れ、安閑・宣化の母族となった尾張氏との関係を追究すべきと考える（敏達の母石姫は、宣化の皇女である）。

おわりに

和邇氏と息長氏は、王統譜とのかかわりなどから知られるように、王権との関係で、表面上きわめて近似したあり方を示すにもかかわらず、詳細にみると、かなり異質な存在形態を示すことが明らかになった。これは吉井巌氏が指摘されているように、葛城氏や和邇氏に大きく遅れて、しかも、地方豪族というハンディを背負い、王権との結託関係を深めた息長氏が、自家の系譜を王統譜に反映させようとする場合、先行する和邇氏のそれをモデルとし、しかも、すでに固まりつつあった系譜に、付加的に加上するほかなかったことを端的に示していると言えよう。

五　継体天皇のヤマト進出

はじめに

継体二十年（五二六）九月、継体天皇は即位後二十年にして、ようやく大和の磐余玉穂宮《いわれたまほのみや》に入った。『書紀』は、この間のこととして、継体元年正月に河内の樟葉宮《くずはのみや》（大阪府枚方《ひらかた》市交野《かたの》付近に比定）で即位したこと、同五年十月に山背《やましろ》の筒城宮《つつきのみや》（京都府京田辺市付近）に遷り、同十二年に山背の弟国宮《おとくにのみや》（京都府長岡京市乙訓寺付近）に遷宮したことを記しており、具体的な説明はないものの、継体のヤマト進出になんらかの困難な事情のあったことが推定されている。

すなわち継体は、即位後ただちに大和の中枢部には入れず、その縁辺部を移動しつつ、ヤマト進出をめざしていたと考えられている。磐余玉穂宮の故地については、必ずしも明らかでないが、およそ現在の桜井市池之内付近とみられており、いわゆる飛鳥の地の北に接し、三輪《みわ》・磯城《しき》を中心とする「原ヤマト」地域の南端にあたっている。

周知のように、五世紀の倭の五王の時代にあっては、「河内王朝」論が提唱されているように、大王陵の大半が河内地域に所在し、宮の一部も難波や河内に営まれたことがみえ、大和政権の中枢は大和ではなく河内にあった可能性が高い。これに対して、継体が磐余玉穂宮に遷って以降、大王の宮居は後の十市《とおち》郡・高市《たけいち》郡域を移動、崇峻《すしゅん》五年（五九二）の推古女帝による豊浦《とゆら》遷宮から、いわゆる飛鳥地域にほぼ固定する。そして周知のように継体は、応神・仁徳から武烈にいたる五世紀代の王統とは断絶した、応神五世孫と自称する傍系の王族出身とされており、その出自についても多くの疑問が出されている（大橋信弥「継体朝は新しい王朝か」『争点日本の歴史』2　古代篇1、新人物往来社、一九九〇年──本書第六章）。

このように実質的には新しい王統を切り開いた継体によって、河内から大和への政治の重心の移動がなされたのは、全くの偶然ではなくして、当時の倭国、大和政権のおかれていた諸条件を色濃く反映しているとも考える。小論において私は、飛鳥史の起点となった継体天皇のヤマト進出について、その即位事情にさかのぼり検討を加えたい。

1　継体の出自とその基盤

仁徳に始まる五世紀の大王家は、五世紀末の雄略天皇の時代には、畿内の有力豪族から抜きん出た地位を確立し、大和政権の列島内における優位もほぼ固まったとみられる。ところがそれにもかかわ

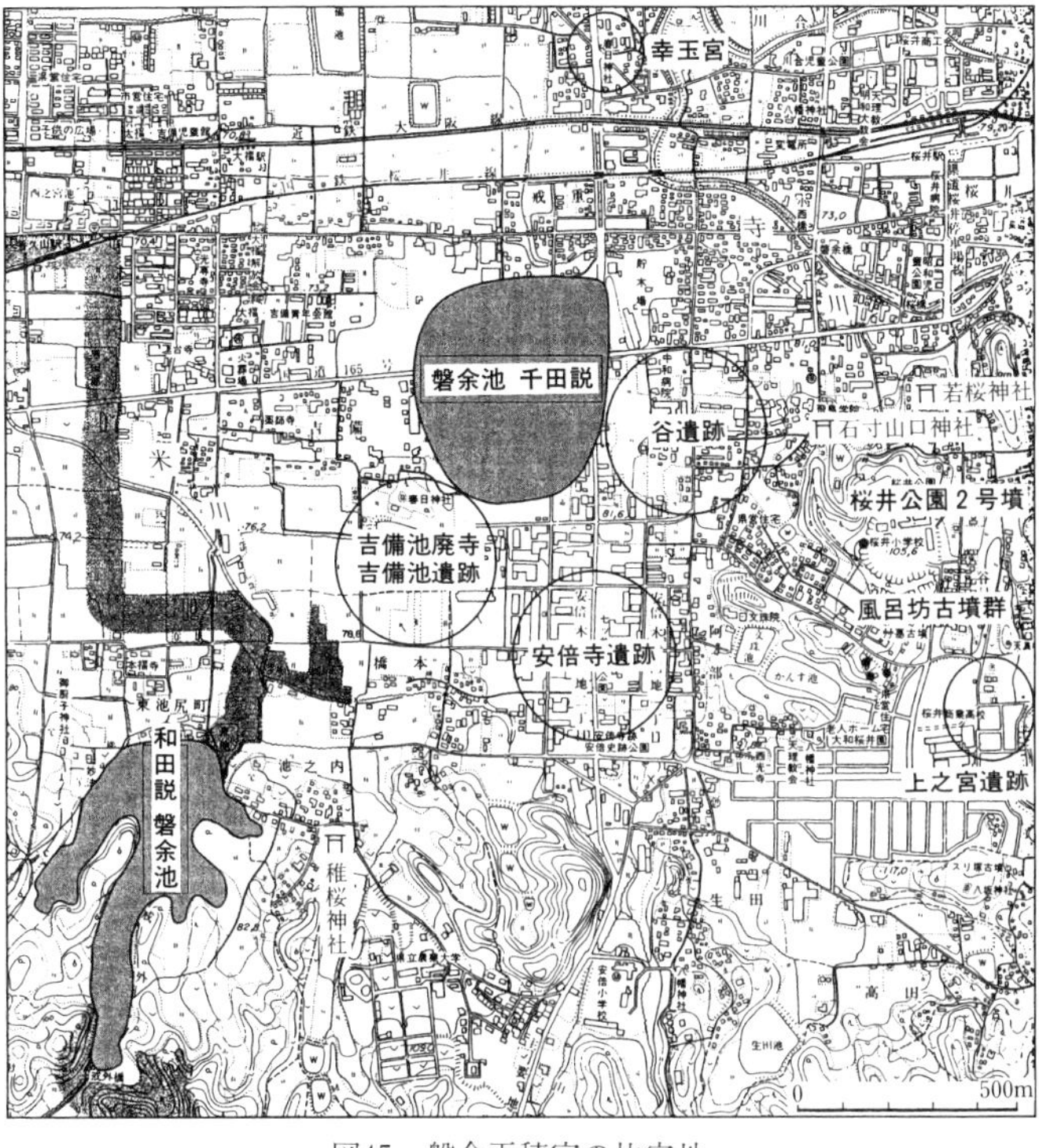

図45　磐余玉穂宮の比定地

らず、雄略の没後、その後継者の清寧《せいねい》が夭折したため、王統断絶という重大な危機を迎えたらしい。このため清寧の死後（『書紀』は生前とする）迎えられて王位についたのは、大和政権の有力な構成員であった葛城《かつらぎ》氏を背景とする顕宗《けんぞう》・仁賢《にんけん》であった。

顕宗・仁賢は、履中《りちゅう》の皇子で、雄略により殺害された市辺押磐皇子《いちのべのおしわのみこ》の遺児で、父の死後、播磨の縮見屯倉《しじみのみやけ》に身を隠していたところを偶然発見されたとされているが、その所伝には不自然さが目立ち、その系譜的位置についても異伝があって、疑わしい点も多い（篠原幸久「王権史構想における顕宗・仁賢の位置をめぐって」『続日本紀研究』二五七、一九八八年）。ただ顕宗・仁賢の即位そのものについては、特に疑わしい点はなく、疑われるのは仁賢の子で、二人の次に即位したとされる武烈《ぶれつ》であろう。その点はおくとして、『記紀』は武烈の死後、再び王統が断絶したため、仁賢の女手白香皇女《たしらかのひめみこ》の婿として継体を迎えたことを記している。

いうまでもなく『記紀』は、王位継承や王統譜について、ことさら慎重な立場をとっているにもかかわらず、雄略没後の二回にわたる王統の断絶を明記し、しかも「畿外」の播磨や近江・越前に基盤をおく傍系の王族の即位を記述していること自体、大和政権がこの時期に、王権をめぐって深刻な危機にあったことを示している。この時期に「王朝交替」や、継体による王位の簒奪を想定する見解が打ち出され、多くの支持を得ているのも当然といえよう。それでは継体は、五世紀の王統とは全くゆかりのない地方豪族であったのだろうか。

継体の出自について、『記紀』は意外と冷淡な立場をとっている。『古事記』は簡潔に「品太《ほむだ》天皇五世之孫」とするだけで、その父彦主人《ひこうし》王の名さえ記していないし、『書紀』も応神の五世孫であること、出生と関連して父彦主人王と母振媛《ふるひめ》のことを記すだけで、『記紀』によるかぎり、応神から継体にいたる系譜は明らかにならない。

ただ鎌倉時代後期に卜部《うらべ》兼方《かねかた》が著した『書紀』の注釈書『釈日本紀』が引く「上宮記一云」なる書物に、応神から継体にいたる系譜がみえ、それによって『古事記』応神天皇段の終末にみえる異例に長い応神皇子若野毛二俣《わかぬけふたまた》王の系譜が、実は継体の出自系譜でもあったことが判明する。それでも継体の祖父にあたる乎非《おひ》王の名のみは、「上宮記一云」によってしか知られず、『記紀』の継体出自系譜への関心のあり方を示している。しかしながら、だからといって、応神五世孫という記載が全く信用できないかというと、『記紀』の立場からすれば、それは自明のことで、ことさら明記するまでもなかったことかもしれず、別の角度からの検証が必要であろう。

継体の出自を考えるうえで手がかりとなるのは、その勢力基盤と擁立勢力の問題であろう。継体の出身地について『古事記』は、これも簡略に「近淡海国《ちかつおうみのくに》自《よ》り、上《のぼ》り坐《ま》さ令《し》メ而《て》」と記述しているのに対し、『書紀』は父彦主人王が「近江国高島郡三尾別業《みおのなりどころ》」にあった時、美しいとの評判の振媛を越前三国の坂中井《さかない》から妻に迎え、継体が生まれたこと、ところが彦主人王が継体の幼いうちに亡くなったため、将来に不安をもった振媛が、継体をつれ故郷の越前三国《みくに》の高向《たかむこ》にもどり、そこで継体が成長したこと、武烈の死後大連《おおむらじ》の大伴金村《おおとものかなむら》の画策により三国から樟葉宮に迎えられ即位したことを述べている。同様の記述は「上宮記一云」にもみえ、細部はともかくほぼ史実に基づいていると考えられる。『古事記』が継体の出身地を近江のように記しているのは、その出生地が近江であったことによる可能性が高いが、それとともに、成長した継体が父王と同じように近江高島の三尾を主要な活動の拠点としていたためではなかろうか。その点で問題となるのが、近江高島の三尾の豪族とみられる三尾君氏のことである。すなわち近年、三尾氏の本拠を越前三国とし、振媛の出身氏族とする見解が有力化しているからである。

米沢康氏は三尾氏一族の居住が近江高島において確認されていないこと、越前国坂井郡にも水尾郷・三尾駅などがみえ、三尾の地名が確認できること、三尾氏の出自系譜と「上宮記一云」の振媛の系譜に一致点が多いこと、三尾氏と同祖を主張する氏族には、羽咋《はくい》国造・加我《かが》国造など、越前とかかわりが深いことなどを主要な論拠として、三尾氏の本拠を越前三国とし、しかも継体の母振媛の出身氏族と推定されたのである（米沢康「三尾君に関する一考察」前掲、同「振媛の桑梓」前掲）。山尾幸久氏も同じような立場から、三尾氏が継体の即位以前（五世紀後半）に越前から近江高島に本拠を移したことを想定されている（山尾幸久『日本古代王権形成史論』前掲）。

確かに三尾氏が近江高島に居住していたという史料は、現在のところ確認されていないが、この点では越前三国の場合も変わるところはない。越前国坂井郡の居住氏族については、周知のように東大寺領の初期荘園にかかわる文書の存在によって、比較的詳しく判明している。ところが、坂井郡はおろか越前国全体に対象を広げても、三尾氏の居住は確認されない。事実越前国坂井郡の郡領氏族は、三国真人氏を筆頭に、品治部公《ほむちべのきみ》氏・海直《あまのあたい》氏などであって、たとえ山尾氏のように早期の移住を想定したとしても不自然ではなかろうか（水谷千秋「三尾氏の系譜と伝承」前掲）。

また近江高島の三尾が、三尾郷・三尾駅・水尾神社などだけではなく、三尾別業・三尾城・三尾崎など比較的定着度が高いとみられるのに対し、越前坂井の場合は、三尾郷が『和名類聚抄』段階ではみえなくなっていること、三尾駅も別の史料では「桑原駅」として確認されるなど、流動性がかなり強いと考えられる。そして何よりも、継体の即位事情にかかわる所伝において、近江高島の三尾別業が大きな位置を占めていることは、無視できない。これらの点から私は、山尾氏とは逆に近江高島を本拠とする三尾氏による越前への進出を想定したい。

さきにみたように、越前三国から迎えられた振媛は継体をもうけるが、父王が亡くなったため幼い継体を連れ故郷の三国にもどり、そこで成長した継体は最初の妃を三尾氏から迎えたらしい。継体の后妃に関する『記紀』の記載は、若干の異同はあるものの、ほぼ一致し継体の勢力基盤を示唆する重要な情報である。その記載方法や順序を詳しくみてみると、三尾氏の二人の妃のうち若比売《わかひめ》は、『古事記』ではその筆頭にあげられ、『書紀』でも仁賢皇女で欽明の母である手白香《たしらか》皇女、「元妃」と明記され、安閑・宣化の母であった目子媛《めのこひめ》（尾張連氏所生）に次いで三番目に記載されている。また若比売ともう一人の三尾氏出身の妃倭比売《やまとひめ》の生んだ皇子女をみてみると、前者に大郎子《おおいらつこ》、後者に大郎女《おおいらつめ》のみえることが注目される。

すなわち大郎子・大郎女なる名は、皇子女中の第一子に通有なものであるから、さきの若比売のあり方と合せて考えるなら、継体の最初の正妃として若比売が、次いで倭比売が近江高島の三尾氏から迎えられ、それぞれ最初の皇子女を生んだことが推定されるのである。おそらく越前にもどって成長した継体に対して、彦主人王の三尾別業の経営にも関与し支援していた三尾氏は、その関係を維持するとともに、振媛の出身氏族（私はこれを三国真人氏前身氏族とみている）との連携を深めていたのではなかろうか。この関係は二人の妃を入内させることによってさらに強化され、継体は越前三国と近江高島を二大拠点として、その勢力を大きく拡大していったと考える。

2　継体のヤマト進出

継体の勢力拡大を示す史料は多くないが、さきの后妃についての『記紀』の記載と、「上宮記一云」の継体の父祖系譜が手がかりとなる。すなわち継体の后妃は『古事記』に七人、『書紀』に九人みえるが、三尾氏の二人についで入内した后妃を特定するのは容易ではない。ただ両書の后妃の記載順序については、手白香皇女・目子媛・稚子媛の三人とほかの妃には区別があったようで、その枠内ではほぼ入内の順に記載しているとみられる『古事記』によるなら、目子郎女《めのこのいらつめ》・麻組郎女《をくみのいらつめ》・黒比売《くろひめ》（広媛）の三人が候補となろう。目子郎女が尾張に本拠をおく尾張連氏の所生で、他の三人は「某王」を称しているが、後の近江国坂田郡を本拠とする息長君氏・坂田君氏の所生とみられる。「上宮記一云」によると、継体の父彦主人王の母久留比売命《くるひめのみこと》は、美濃の豪族牟義都国造《むぎつのくにのみやつこ》の女とあり、継体は祖父以来のつながりもある、近江坂田・美濃・尾張の勢力とも、婚姻を通じて結託関係を深めていったのではなかろうか。特に尾張連氏との連携は、その所生の安閑・宣化が即位したとあるように、予想以上に重要であり、おそらくこの連携により、尾張以東のいわゆる東国が、継体の支持勢力に入ったと考える。

さて、残る后妃の顔ぶれをみてみると、『古事記』では阿倍臣《あべのおみ》氏出身とされ、『書紀』では和珥臣《わにのおみ》の女とある荑媛《はえひめ》、『書紀』のみにみえる茨田連《まむたのむらじ》氏の女関媛《せきひめ》の二人となる。荑媛は和珥臣氏の女というのが本来の所伝とみられ、それぞれ北河内と大和東北部を本拠とする豪族である。

『書紀』はさきにみたように、武烈の死後王統が断絶し、「継嗣絶ゆべし」という事態が生じ、はじめて継体の存在が明らかになって、越前三国から迎えるという構成をとっており、これら畿内の豪族との結びつきは、当然、手白香皇女とともに即位後ということになるであろう。しかしながら私は、これは『書紀』の述作であって、継体は成人して以降、各地との交流を深めるいっぽう近畿中枢にも早くから進出していたと考える。このことを具体的に裏付けるのが隅田《すだ》八幡鏡銘《はちまんきょうめい》文である。

図46　隅田八幡神社蔵人物画像鏡

この銘文については釈読・解釈に関して、長い研究史があるが、戦前の福山敏男氏の説（「江田発掘太刀及び隅田八幡神社鏡の製作年代について」前掲）を継承発展させた、山尾幸久・平野邦雄氏の理解が妥当と考える（山尾幸久『日本古代王権形成史論』前掲、平野邦雄「継体朝の諸問題」『大化前代政治過程の研究』前掲）。

すなわち銘文の「癸未年」を五〇三年とし、「日十大王」をヲシ大王、あるいはヲズ大王と訓《よ》み、『書紀』に「大石」「大脚」などとある仁賢に、「男弟王」、あるいは「孚弟王」をフト王ないしホド王と訓み、『書紀』に「彦太」ともある継体に、鏡の贈り主である「斯麻」を五〇一年に即位したばかりの百済《くだら》武《ぶ》寧王《ねいおう》斯麻にあて、仁賢在位中のこの年、すでに大和の忍坂宮《おしさか》（奈良県桜井市忍坂）にあった即位前の継体に対し、百済の武寧王が、長く奉仕せんことを誓って贈ったのが、この鏡であったと解するのである。このように理解できるなら、継体はすでに仁賢の在位中から、その後継者として認められ、大和の忍坂に拠点をかまえるとともに対朝鮮外交にもかかわっていることが判明する。

したがって継体は「癸未年」以前より、近江高島の三尾別業あたりを基地として、中央への進出をはかり、北河内の茨田連氏や、大和東北部の和邇臣氏との連携を深めていたのであろう。特に和邇臣氏との結託は、継体が大和政権の中枢部において、仁賢の後継者としての地位を築くうえで、重要な意味をもっていたと考える。和邇氏は葛城氏とならんで五世紀から六世紀前半にかけて、多くの后妃を輩出し、大王家の外戚として大和政権の中枢にあった有力豪族であって、その同族は大和東北部から山城・近江北西部にかけて濃密に分布し、その勢力圏は継体のそれに重なる部分も多い。継体はこの和邇氏と密接な関係を結ぶとともに、中央への確実な足がかりを得ていったと考える。

それでは継体はどのような経緯で、仁賢の後継者として忍坂宮にあり、対百済外交にも関与できたのであろうか。そして『書紀』はなぜ継体の即位やヤマト進出について、困難な事情のあったことを暗示しているのであろうか。これらの諸点を解明する手がかりは、皆無といってよいが、従来からも指摘されているように、『記紀』が清寧の没後と武烈の没後の二度にわたって、「日続《ひつぎ》知らす可き王無し」として、前者では顕宗・仁賢の、後者では継体という五世紀の王統とは直結せず、しかも地方に基盤をおく傍系の「王族」の即位を記述していることは、そこになんらかの作為があったと考える。

私は、雄略没後の王統の断絶という状況下において、葛城氏を中心とする勢力が顕宗・仁賢の擁立をはかり、いっぽう和邇氏を中心とする勢力が継体の擁立をはかったのではないかと考える。そして両勢力の妥協として、顕宗・仁賢がまず即位し、その後継として継体を認知するという方法がとられたのではないかと考える。なお、さらに臆測を重ねるなら、仁賢の没後、約束どおり継体の即位は実現せず、再び武烈を擁立する勢力と継体を推す勢力の間で対立が顕在化したと考える。継体のヤマト進出が長期間要したとする所伝は、このような事情を背景に生まれたとみるのである。

以上のように継体の即位にいたる過程が想定されるなら、継体の出自についても、いちおうの見通しが可能になる。すなわち、継体は近江あるいは越前から中央に進出し、武力で王位を簒奪した地方豪族ではなくして、応神五世孫であるかどうかは別として、五世紀の大王家と系譜的につながる傍系の王族であった可能性が高い。おそらく継体の父祖は、継体の奥津城《おくつき》のある摂津の三島野古墳群あたりに拠点をもち、美濃や近江高島に進出し、しだいに勢力を拡大していたとみられる。ただその場合においても、三尾別業の経営が実質的には三尾氏によってなされていたと考えられるように、在地豪族に依存するものであって、土着化はさほどすすんでいないのである。おそらく継体の応神五世孫とする主張は、五世紀の王統を意識したものであって、それとの同列ないし優位を確保しようとする意図がこめられているといえよう。

3　磐余玉穂宮遷宮の意義—むすびにかえて—

継体のヤマト進出については、『書紀』の記述が唯一のものである。継体二十年のこととする磐余玉穂宮への遷宮について、『書紀』は同七年とする「一本」の説を注記しており、異伝の存在もさら

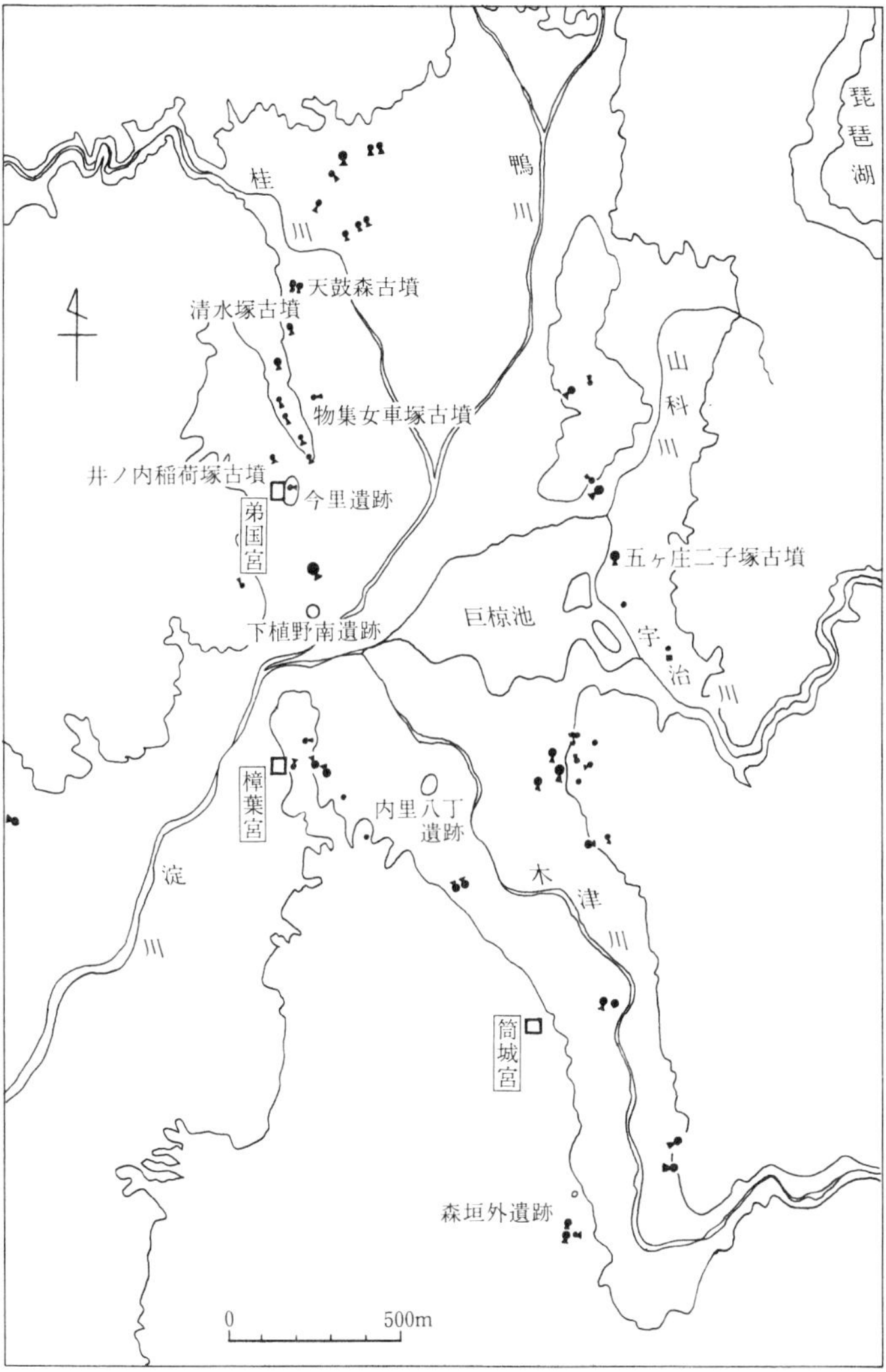

図47　古墳時代の南山城

に推測される。ただその年次は別として、継体が即位後、樟葉宮・筒城宮・弟国宮などを経て、かなりの年月を費やした後にヤマトに進出したことについては、あえて述作されねばならない理由は考えられないから、史実を核とした所伝ということができよう。

そして、これら継体の諸宮の位置をみてみると、いずれも淀川流域で、河内・大和の外縁部であること、宇治川を経て近江に通じるルート上にあり、河内・大和に対峙する配置をとっているといえる。そしてこの地域には、従来より継体にかかわりの深い息長氏の勢力の強いことが指摘されているし（塚口義信「継体天皇と息長氏」『日本書紀研究』第九冊、一九七六年、のち『神功皇后伝説の研究』創元社、一九八〇年に改訂して収録）、やや後の史料ではあるが、私が継体の擁立勢力として重視する三尾氏が、摂津三島や南山城の久世に拠点をもっているのである。

かかる形勢をみるなら、さきに指摘したように、継体が仁賢在位中に大和の忍坂宮にあって、その後継者に擬せられながら、仁賢の死後ただちに王位につけず、再び武烈を推す勢力と対立したとする憶測が想起されてこよう。私は、仁賢の死後に、いわゆる「河内王朝」を引き継ぎ、大和南部と河内を基盤とする勢力と、南山城・北摂から近江を基盤とする勢力が、一定の期間対立したのではないかと考える。

そして、この危機を乗り切った継体が、大和の磐余に遷宮して、実質的に即位したとみるのである。継体が磐余に宮を置いた事情は明らかでないが、磐余が即位前の継体の宮のあった忍坂の地に隣接しており、この地域に継体の勢力が早くから及んでいたことを示すのではなかろうか。そしてそれとともに、河内に拠点をもつ五世紀の大王家と対抗するため、三輪・磯城を中心とする大和の旧勢力との提携も考慮されていたとも考えられる。

ただ、継体が飛鳥の地に隣接する磐余の地で、実質的に新しい王統を切り開いたことによって、結果的にはこの地がその後の飛鳥史展開の起点となったのであり、王統の固定化とともに興味深いものがある。

六　継体朝は新しい王朝か――研究の歩み――

1　継体王朝論の成立と展開

継体新王朝説の出現　継体朝は新しい王朝かといった命題が、日本古代史の問題として正面から提起されることになったのは、第二次世界大戦後の新しい社会状況のもとにおいて、学問の自由が保障され、万世一系の天皇観による呪縛からの解放が進んだ結果のことであった。そして、その起点となったのが、一九四八年、江上波夫氏によって提唱された騎馬民族説である（江上波夫ほか『日本民族の起源』平凡社、一九五八年）。これは四世紀から五世紀にかけて、北方の騎馬民族が続々と南下して、五胡《こ》十六国をはじめ、朝鮮半島においても高句麗《こうくり》・百済《くだら》に王朝を樹立したのに対応し、その一派（崇《す》神《じん》天皇）が倭《わ》国にも来攻し、強大な王権を「畿内」に樹立したことを、考古資料・文献によって構想したものであった。それは戦前からの皇国史観を打破するうえで大きな役割を果しただけでなく、わが国における王位簒奪《さんだつ》説の出現や、王権の性格を東アジア史のなかで検討する視角の形成に、大きな影響を与えることになった。事実、一九五二年に刊行された水野祐氏の『増訂日本古代王朝史論序説』

(前掲)は、かかる視角を継承して、わが国の王統も中国王朝のように、古王朝(崇神朝)、中王朝(応《おう》神《じん》朝)、新王朝(継体朝)と三交替したことを論証しようとしたもので、継体新王朝説の直接の源流となった。水野氏は、継体を応神五世孫とする系譜上の主張には信憑性が薄いこと、継体が即位後二十年間ヤマト進出を果せないことなど、成立当初からの王朝基盤の弱さを根拠としている。

また、継体新王朝説を直接主張したものではないが、同じ一九五二年に発表された林屋辰三郎氏の「継体欽明朝内乱の史的分析」(前掲)は、継体朝をめぐる議論に、より広範な影響を与えた。林屋氏は、従来紀年論の枠内で論じられていた、継体末年から欽明即位に至る皇位継承上の問題を、武烈《ぶれつ》死後の王権の危機、応神五世孫を称する継体の異常な即位、朝鮮半島問題をめぐる諸豪族の対立、それとかかわる磐井《いわい》の乱などの地方豪族の反乱、継体の異常な死、安閑《あんかん》・宣化《せんか》朝と欽明朝の二朝対立など、長期にわたる内乱状態のなかに位置づけ、その史的意義を明らかにしたのである。林屋氏の指摘したいくつかの論点については、その後の研究により修正を要する点もあるが、継体・欽明朝を古代史上の一大変革期とする構想は、今日においても六世紀史の大枠として継承されているといえる。

その後、一九五八年に発表された直木孝次郎氏の「継体朝の動乱と神武伝説」(前掲)は、水野氏と林屋氏の視角を継承し、継体紀と神武伝説を詳細に比較検討して、神武伝説が継体朝の史実をモデルとして形成されたことを指摘した。そして、継体こそ武烈没後の内乱的状況を背景に、近江または越前を基盤として、「風を望んで北方より立った豪傑の一人」にほかならず、応神五世孫を自称、近江・

尾張・河内・山城の在地勢力と結び、最終的には大伴《おおとも》氏を陣営に引き入れてヤマト進出を果たし、新王朝を樹立したとする。継体新王朝説が、より鮮明で具体的に呈示されることになった。

この水野・林屋・直木の諸氏によって固められた継体新王朝説は、その後、井上光貞・藤間生大氏らの支持を得て（井上光貞『日本古代国家の起源』岩波書店、一九六〇年、藤間生大「いわゆる『継体・欽明朝内乱』の政治的基盤」『歴史学研究』二三九、一九六〇年、同「継体天皇擁立の思想的根拠」『歴史評論』一一四、一九六〇年）、さらに強化され、古代史学界を席巻するに至ったのであるが、この段階では、いまだ構想の呈示といった域を出るものではなく、史料操作や実証面でいくつかの問題を残していた。

継体新王朝否定説の登場　一九六〇年代に入ると、学会の主流となっていた継体新王朝説に対し、いくつかの疑問点が提出されることになった。その露払いとなったのが、一九六一年に発表された坂本太郎氏の「継体紀の史料批判」（前掲）である。坂本氏は、林屋氏と直木氏の見解の根拠となっている『書紀』の記載に検討を加え、記事の重複や異伝のあり方から、その配置された年次については信用できないことを指摘した。また、継体の出自についても、『釈日本紀《しゃくにほんぎ》』の引く「上宮記一云《じょうぐうきいちいう》」の系譜の存在に注目し、応神五世孫という所伝が史実を伝えている可能性の高いことを指摘した。

坂本氏の指摘のうち、『書紀』における記事の重出・異伝の存在については、笠井倭人氏が、三種の百済王暦の存在を指摘し、『書紀』編者がそれを無批判に使用した結果、継体崩後の「空位」や異伝の重複が生じたことを指摘した（「三国遺事百済王暦と日本書紀」『朝鮮学報』二四、一九六二年、のち

『古代の日朝関係と日本書紀』吉川弘文館、二〇〇〇年に収録)。さらに三品彰英氏も、笠井氏の指摘を発展させ、百済王暦には聖明《せいめい》王死後の史実としての二年の空位のとり扱いの違いから生じた、三年差をもつ二種の王暦が存在することを明らかにし、継体崩年にかかわる異伝や、崩後の空位は、それを恣意的に採用した結果にほかならず、史実としての二朝対立や、内乱状態を示すものではないとした(「『継体記』の諸問題」『日本書紀研究』第二冊、塙書房、一九六六年)。一方、「上宮記一云」については、黛弘道氏が、その仮名遣いや用字法を『記紀』、『万葉集』、推古朝遺文、藤原宮出土木簡のそれと詳しく比較検討して、それが少なくとも藤原宮木簡より古いことを明らかにし、継体が応神の王統につらなる可能性の高いことを指摘している(「継体天皇の系譜について」前掲)。

以上のように、坂本・笠井・三品・黛の諸氏によって、継体新王朝説が依拠していた『記紀』の史料批判が進み、新王朝説に対する否定的な見解が示されることになったのであるが、山尾幸久氏は、別な角度から新王朝説に疑問を投げかけている(「隅田八幡鏡銘による継体即位事情の考察」『日本史学』一、一九六六年)。すなわち、山尾氏は一九三四年(昭和九)に発表された福山敏男氏の所論(「江田発掘太刀及び隅田八幡神社鏡の製作年代について」前掲)を継承して、隅田八幡宮(和歌山県橋本市)所蔵の人物画象鏡の銘文の「癸未年」を五〇三年に比定し、従来「男弟王」と訓《よ》まれていた部分を「孚弟王《フト》」とし、これを継体に比定するとともに、「日十大王」をヲズ大王あるいはヲシ大王と解し、「大石」「大脚」とも呼ばれる仁賢《にんけん》にあてた。さらに鏡を贈った「斯麻《しま》」を百済武寧《ぶねい》王に比定して、仁賢在位中の五〇三年、即位前の継体が大和忍坂宮《おしさかのみや》にあって、次期王位をめざしていたこと、その継体に前々年即位した百済武寧王斯麻が、長く奉仕すべく接近をはかっていたとした。そして継体が顕宗《けんぞう》・仁賢朝の十余年間、大伴金村《おおとものかなむら》の庇護により、大和忍坂宮において雌伏していたこと、武烈朝に、金村の専権が確立するとともに、手白香《たしらか》皇女との婚姻を成立させ、すでに倭王権の有力な構成員となっていたことを指摘して、いわゆる王位簒奪説＝新王朝説が成立しがたいことを提唱している。なお、山尾氏はその後、継体の出自や即位事情については、大きく構想を変更しているが（『日本古代王権形成史論』前掲）、隅田八幡鏡銘文の理解については旧説を維持している。

新羅本紀	関係記事
法興 9	
10	5月　武寧薨王（継体紀）
11	1月　明王立（継体紀）（梁書）
12	
13	
14	磐井の乱
15	
16	○金官国亡（継体紀）
17	
18	△継体崩（百済本記）
○ 19	○金官国亡（史記・遺事）
20	
21	△継体崩（或本）
22	
23	
24	
25	
26	
27	
真興元	
2	
⋮	
14	
15	12月　聖明王戦死（欽明紀）
16	
17	
18	3月　威徳王立（同上）

表7　2種の百済王暦と継体紀

西　暦 (干支)	百済本記	百済本紀	百済王暦 三国遺事	継体紀	或　本
522(壬寅)		武寧22		継体16	
523(癸卯)	武寧22	23 聖明元		17	
524(甲辰)	聖明元	2		18	
525(乙巳)	2	3		19	
526(丙午)	3	4		20	
527(丁未)	4	5	聖明元	21	
528(戊申)	5	6	2	22	
529(己酉)	○ 6	7	3	○ 23	
530(庚戌)	7	8	4	24	
531(辛亥)	△ 8	9	5	△ 25	継体25
532(壬子)	9	10	○ 6	空位	26
533(癸丑)	10	11	7	空位	27
534(甲寅)	11	12	△ 8	安閑元	△ 28
535(乙卯)	12	13	9	2	
536(丙辰)	13	14	10	宣化元	
537(丁巳)	14	15	11	2	
538(戊午)	15	16	12	3	
539(己未)	16	17	13	4	
540(庚申)	17	18	14	欽明元	
541(辛酉)	18	19	15	2	
⋮	⋮	⋮	⋮	⋮	
553(癸酉)	30	31	27	14	
554(甲戌)	31	32 威徳元	28	15	
555(乙亥)	空位	2	29	16	
556(丙子)	空位	3	30	17	
557(丁丑)	威徳元	4	31	18	

注　三品彰英原図，川口勝康作図．

図48　二つの大王家論

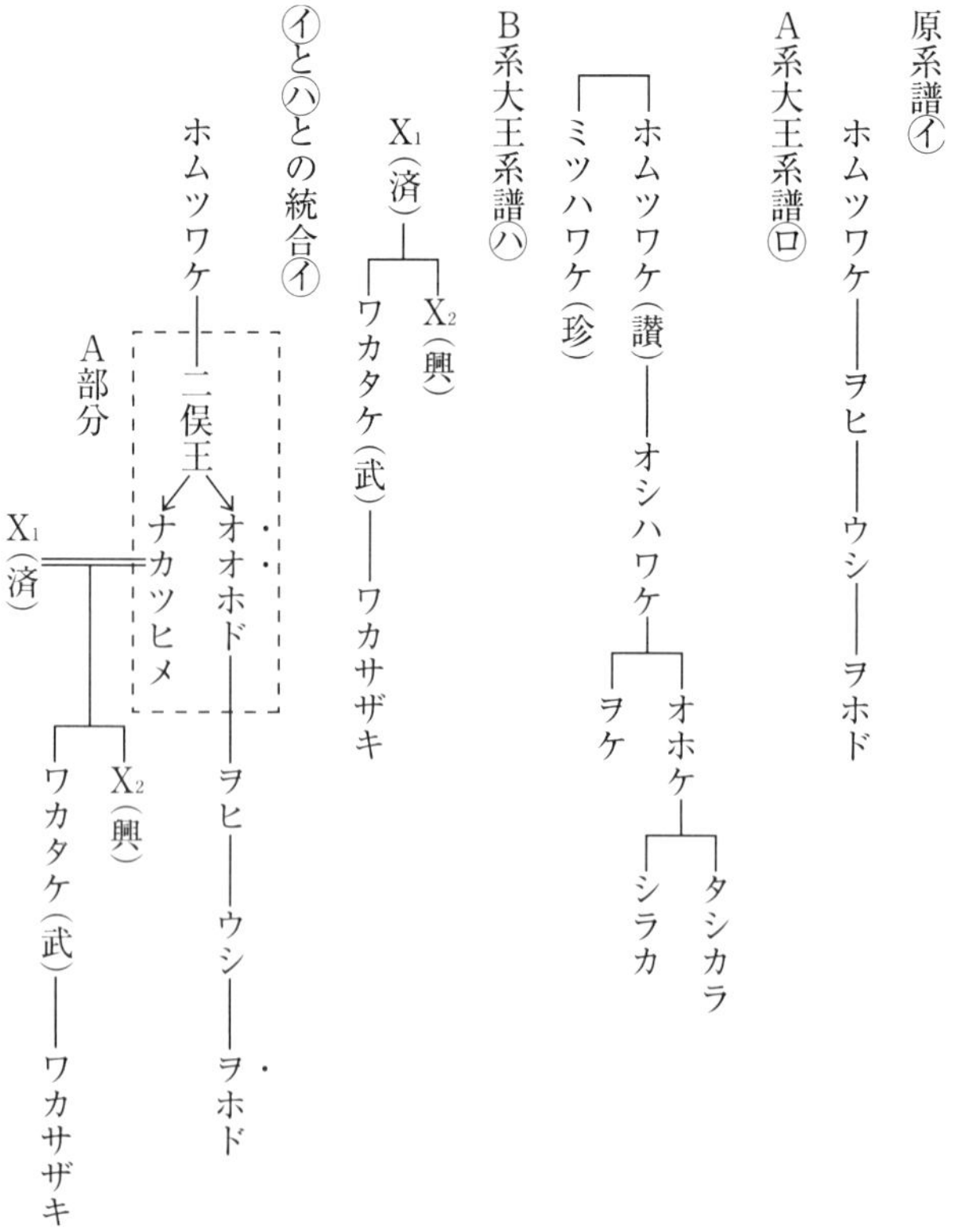
原系譜㋑
ホムツワケ—ヲヒ—ウシ—ヲホド
A系大王系譜㋺
ホムツワケ（讃）—オシハワケ
ミツハワケ（珍）
オホケ
ヲケ
タシカラ
シラカ
B系大王系譜㋩
X1（済）
X2（興）
ワカタケ（武）—ワカサザキ
㋑と㋩との統合㋑
ホムツワケ—二俣王
オオホド
ナカツヒメ
A部分
X1（済）
X2（興）
ワカタケ（武）—ワカサザキ
ヲヒ—ウシ—ヲホド

㋺と㋩との統合㋺

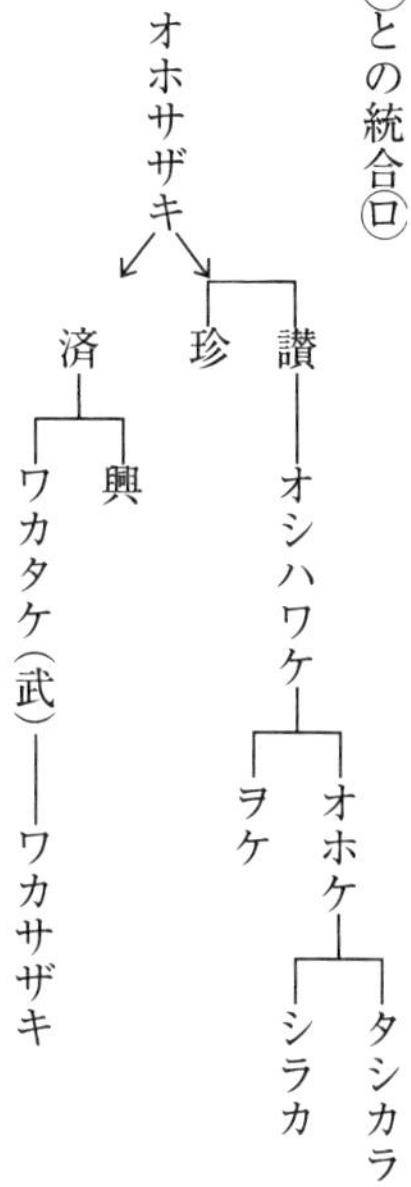

新王朝説の新たなる展開　一九五〇年代に出現した継体新王朝説は、一九六〇年代には有力な批判を受け、やや後退したかにみえたが、一九七〇年代に入ると再び新しい装いをもって登場し、有力化する。そして、そのバックボーンとなったのが、国文学者吉井巌氏による一連の研究である。吉井氏は、従来その実在についてほとんど疑問の余地のなかった応神にかかわる『記紀』の記載を多方面から考察し、応神は、仁徳《にんとく》王朝断絶後に新王朝を立てた継体王朝によって、先王朝の後継者たることを示すべく、仁徳の父として加上されたもので、応神五世孫という継体の主張は信憑性がないとした（「応神天皇の周辺」前掲）。さらに吉井氏は、ホムツワケ王（垂仁《すいにん》皇子）にかかわる系譜と伝承を詳しく検討し、それらが天皇としての所伝であった可能性が高いと推定した。そして、『釈日本紀』所引の「上宮記一云」系譜に再検討を加え、そこにみえる「凡牟都和希王」が、従来訓まれているようにホムタワケ王ではなくホムツワケ王と訓むべきとし、継体の始祖を崇神・垂仁王朝に求めた段階があり、

後にその始祖を仁徳王朝に結びつけるべく、ホムタワケが定立されることになったとした（「ホムツワケ王」『万葉』七四、一九七〇年、のち『天皇の系譜と神話』二、塙書房、一九七六年に収録）。「上宮記一云」の系譜の信憑性に依拠した新王朝否定説に大きな疑問を呈示したのである。

この吉井氏の見解を継承して、岡田精司氏は、従来の新王朝論が、継体を王統とゆかりのない地方豪族としながら、具体的な豪族名を特定しえなかったのに対し、継体とかかわりの深い近江に本拠をおき、しかも天武八姓において真人《まひと》を賜姓された皇族氏族で、記紀の王統譜に幾重にもからまって登場する息長《おきなが》氏こそ、継体の出身氏族であるとした（「継体天皇の出自とその背景」前掲）。北近江を基盤に、越前・尾張さらには日本海ルートで、対外交易による富や諸豪族との結託関係を深めて、大王位を簒奪したと理解した。そして当初、河内王朝を打倒した段階では、三輪《みわ》王朝との後裔を称してホムツワケを始祖としていたが、後に河内王朝の後裔と称すべく、ホムタワケに出自を求めるようになったとした。

岡田説の出現によって、継体の出自がより明確化し、新王朝説は新しい根拠を得て、たちまち多くの支持を得ることになった。そして、それと同時に、近江坂田に本拠を置く息長氏の存在が、大きくクローズアップされることになった。これより先だって息長氏の古代史上に占める重要性を確定したのは薗田香融氏である。薗田氏は、大化二年（六四六）三月に中大兄《なかのおおえ》皇子が献上した皇祖大兄御名入《みなのいり》部《べ》の性格を詳細に検討し、それが允恭《いんぎょう》皇后忍坂大中比売《おしさかのおおなかつひめ》命の名代《なしろ》・子代《こしろ》として設置された刑部《おさかべ》であること、それが、皇族出身の皇子女の資養のため、その母族息長氏を介して、押坂彦人大兄《おしさかのひこひと》皇子—舒明《じょめい》—中大兄皇子と伝流されたことを明らかにし、五世紀以降、大和政権の背後にあって、息長氏が相当大きな役割を果たしたことを推測した（「皇祖大兄御名入部について」前掲）。

この継体と息長氏の関連をさらに追及したのが、塚口義信氏である。塚口氏は、薗田・岡田氏の見解を継承し、「上宮記一云」の系譜と『古事記』の若《わか》野《ぬ》毛《け》二俣《ふたまた》王系譜が、部分的には異質な点をもちつつも、多くの点で一致することに注目し、これらの所伝には、後世の改変を受けながらもその根幹において肯定すべき点があり、息長氏が允恭朝以来、王統と深くかかわる豪族で、継体即位に重要な役割を果たしたとした（「継体天皇と息長氏」前掲）。そしてさらに日《ひ》子坐《こいます》王系譜や筒城《つつき》宮にかかわる所伝の検討から、息長氏と和邇氏の密接な関係、息長氏と南山城との密接な関係を指摘して、継体が和邇氏と息長氏に関係が深い大和東北部から南山城・近江・越前・尾張など、大和の北方勢力を基盤として即位したことを明らかにした。

このように、一九七〇年代は岡田説の出現によって新王朝説が再び大きな力を得ると同時に、継体の出身氏族、あるいは擁立勢力としての息長氏の存在がクローズアップされることになった。

新王朝否定説の新しい視角　一九七〇年代の後半に入ると、『記紀』についての批判的研究の新たなる展開とも対応して、従来の新王朝説・新王朝否定説の枠ではとらえきれない、新しい視角からの研究があいついで発表される。そして、その前提ともいえるのが川口勝康氏の研究である（「在地首長制と日本古代国家」『歴史学研究』別冊、一九七五年）。川口氏は、五・六世紀の王権史を帝紀の形成原理の追求といった視角から論じ、『記紀』に集約される「帝紀」が、五世紀代の王統のつながらない二つの大王家と、継体を実質的な始祖とする大王家の三つの王統譜を、一系主義の立場から統合したものにほかならず、その統合について息長氏が重要な役割を果たしたことを主張している。

平野邦雄氏は、大王位をも含めて古代族長権の継承は父系・母系のいずれでもなく、いわば双系的なもので、男系のみで表示される万世一系などは古代社会に存在しないとする立場から、雄略《ゆうりやく》朝から敏達《びだつ》朝にかけて、多くの后妃を排出した和邇氏・息長氏のあり方を検討して、両氏が王権の母系につながる皇族氏族であり、息長氏から出自した継体を簒奪者とみることはできず、かかる王権の一貫した流れのなかで理解すべきことを主張した（平野邦雄「六世紀・ヤマト王権の性格」前掲、同「いわゆる『古代王朝論』について」『国史学』一〇三、一九七七年）。

また山尾幸久氏は、記紀の所伝を独自の視角から分析するとともに、隅田八幡鏡銘文についての持論によって、雄略の死後それまでの王統が絶えたため、「畿内首長連合体」は、まず吉備《きび》・播磨《はりま》など近畿西辺地域の「族縁的広域経済体制」を掌握していたヲシ大王を擁立し、ついで畿内北方の近江・北陸地域の「族縁的広域経済体制」をたばねるフト大王（継体）をヲシ大王の女に入婿の形で擁立、政策的に近畿周辺地域の統合をはかったとした（『日本古代王権形成史論』前掲）。かかる統合の結果、倭王権の基盤の確立、男系世襲王制への道が開け、国家形成が進むというのが山尾氏の構想であるが、継体朝の成立については、実質的な地方豪族であっても、いまだ男系世襲王制が確立していない以上、簒奪王朝とはできないとし、その出自についても、父系を息長氏、母系を越前から近江高島に進出した三尾《みお》氏であると指摘した。

平野氏と山尾氏の見解は、継体の出自は岡田説を継承して、北近江に基盤をもつ息長氏としながら、従来の王朝概念や、世襲王制の成立時期についての再検討により、新王朝説を否定したもので、水野祐氏以来の王朝交替説への根本的な問い直しをせまるもので、かかる議論なしには、もはや継体王朝論を論究しえぬ段階になったといえよう。

継体王朝論の現況　岡田説の出現以降、新王朝説に立つか立たないかは別として、継体の出自を息長氏とする見解が有力化していたが、私は、従来論じられることのなかった、近江坂田の在地における動向を、考古資料を援用して検討し、六世紀以前の息長氏は、坂田北部に本拠をおく坂田酒人《さかひと》氏の下風にたつ中小豪族で、六世紀以降急速に成長した可能性が高く、継体の出身氏族ばかりが、その擁立勢力とも考えがたいとした（大橋信弥「近江における息長氏の勢力について」『日本史論叢』八、一九八〇年）。さらに私は、後に息長氏が天武八姓で真人を賜姓され、王統譜のなかに深く関与できたのは、天武朝の修史を自ら主導した天武が、皇祖と仰ぐ押坂彦人大兄皇子の母、敏達后広姫《ひろひめ》が息長氏腹であったことが大きな要因であるとした（大橋信弥『日本古代国家の成立と息長氏』前掲）。それゆえ皇族としてふさわしい過去を、継体にかかわる王統譜のなかに加上できたと考え、継体の出自については、

「畿内」に本拠をおき、近江高島から越前に進出した傍系の「王族」であって、近江高島を本拠とする三尾氏、越前を本拠とし継体の母の出身氏族でもある三国氏《みくに》などを有力な支持勢力として即位したことを指摘した。

息長氏については、その後小柴秀樹氏が、息長系譜は息長氏によって加上されたのではなく、継体の流れをくむ皇室の要請によるものであり、大和忍坂に本拠をおく王族継体が、近江坂田の豪族と婚姻関係を結んだため、坂田の地で呪的意味をもつ「息長」なる地名が継体の血族のもつ系譜・伝承に記憶されることになり、それが王統の一系主義的な統合に利用されたとし、継体の血族につながる息長真手王《まて》が、坂田の豪族と婚姻関係を結び、その後裔が息長氏になったとしている（「息長系譜の形成者」『古代中世の政治と地域社会』雄山閣、一九八六年、同「息長氏研究の動向と課題」『古代史研究の課題と方法』国書刊行会、一九八九年）。

また篠原幸久氏は、継体が三島野《みしまの》古墳群にかかわる摂津《せっつ》在地勢力の首長で、大和政権成立期以来の主要な構成員であり、淀川水系を媒介に山城東部・近江・越前・尾張の諸勢力と結んで大王位についたことを推定した。そして息長氏伝承が『記紀』に定着した事情としては、息長氏が舒明の湯人《ゆひと》としてその養育にかかわったことを重視し、継体関連系譜への息長氏の介入については、応神以降の三系統合王統譜が究極的には継体王系登場を正当化し釈明する機能をもつとする川口勝康氏の指摘を受けて、敏達王系に密着した擬似皇族氏族息長氏が、既成の王権史の構成原理に沿って介入を許されたと理解した（「継体王系と息長氏の伝承について」『学習院史学』二六、一九八八年）。

平野邦雄氏によって提起された古代族長権の継承や皇親概念については、成清弘和氏が記紀の皇族称号を網羅的に分析して、継体紀の五世孫という記載が天武朝以降の皇親概念であることを明らかにした（「継体紀の『五世孫』について」『日本書紀研究』第一三冊、塙書房、一九八五年、のち『日本古代の王位継承と親族』岩田書院、一九九九年に収録）ほか、その後も親等制の問題を中国法にさかのぼって論及するなど、精力的な研究を進めている。山尾幸久氏や私が、継体朝との関係で追求した顕宗・仁賢朝をめぐる問題については、その後、篠原幸久氏が、仁賢・顕宗の即位事情、とくに「相譲」にかかわる所伝に注目し、「王権史における顕宗・仁賢のあり方は、欽明出現の正当性を内在させた、いわば伏線として設定されて」いること、顕宗・仁賢は兄弟を逆にして即位したので血統は絶えたが、欽明は二人の兄安閑・宣化の後に正しく即位したので、今日まで王統を伝えることができたとする論理内容を含意し、欽明即位の正当性を釈明する機能を果たしている点を、より明確に指摘している（「王権史構想における顕宗・仁賢の位置をめぐって」前掲）。

以上のように、近年の継体王朝論は、新王朝か否かといった問題をのり越えて、わが国における男系世襲王制の成立をどのように理解するか、『記紀』の主張する王権史構想の解明とその批判的研究による史実の発掘、また、かかる王権史構想とかかわる息長氏の実像の追求と、問題状況がより鮮明になりつつあるといえる。そこで次に、いくつかの論点にしぼって、今後の課題を指摘しておきたい。

2　継体王朝論の課題

継体の出自をめぐる問題　継体が王統とはつながらない地方豪族であったのか、応神五世孫であったのかは別として、五世紀の大王家となんらかの血縁でつながる「王族」であったかどうかについては、依然として論の分かれるところとなっている。上述のように岡田説の出現以降、地方豪族説では息長氏あるいはその「一支族」とする見解（『古代の王朝交替』『古代の地方史』3、朝倉書店、一九七七年）が有力で、「王族」説の論者においても、息長氏とのかかわりを重視する見解が多い。息長氏を継体の出身氏族とする最大の根拠は、『記紀』の継体と応神を結ぶ系譜に深く関連する点と、天武八姓において皇親の真人を賜姓されている点である。このうち前者については、近年の『記紀』批判の進展によって、応神から継体に至る王統譜と王権史が、基本的には継体―欽明王統の正当性を釈明する機能をもつことは動かしえないところとなっている。しかもその根幹は天武朝以降に述作されたもので、そこから継体王朝にかかわる史実を引き出すことはきわめて困難であるし、息長氏がその述作に関与しえた事情や、天武八姓において真人姓を得たのは、王統の一系主義的な結合をめざす天武が、皇祖と仰ぐ彦人大兄の母族であった点が第一義的であったとみられ、息長氏出自説はもはや成立しえないと考える。

一方、継体を「王族」とみる論者にあっても、応神五世孫とする『記紀』の主張をそのまま史実とする立場から、傍系の「王族」で特定の大王とのつながりを不明とするものまで、多様な存在形態を示しているが、その重要な論拠は、継体の本拠あるいは基盤を近畿中枢とする見解である。そしてその主要な論点となっているのは、継体の父彦主人《ひこぬし》王の三尾別業《なりどころ》の位置づけ、継体陵＝今城塚《いましろづか》古墳の存在であり、文字資料でとくに注目されているのが、隅田八幡鏡銘文の理解である。彦主人王の近江高島の拠点が文字どおり「別業」で、本拠は近畿中枢にあったと考え、また隅田八幡鏡銘にみえる男弟王（孚弟王）を継体とみて、大和忍坂宮がその本拠であったとしたり、摂津三島野古墳群を継体一族の奥津城《おくつき》とするのである。八幡鏡銘文によって、即位前の継体がすでに仁賢朝の末に、大和忍坂宮にあって、百済武寧王の奉仕を受けていた事実は、この時点で継体が大和政権の主要な構成員であったことを示し、少なくとも継体による王位簒奪説は、その成立の根拠を失うといえよう。したがって、そうした場合考えられることは、継体が「王族」であったとみるか、山尾幸久氏のように、地方豪族であった継体が「畿内首長連合体」により擁立されたとみるほかないであろう。ただ、近畿中枢に直接基盤をもたない地方豪族が、その支配する経済体制を吸収するために政策的に大王位に擁立される必然性はきわめて薄いように思われるが、今後の重要な検討課題であろう。

継体擁立勢力の性格　新王朝説・新王朝否定説のいずれにおいても、その支持勢力・擁立勢力についてほぼ共通した基盤に立っており、大きな相違は認められない。それは継体の后妃に関する『記紀』

の記載や、「上宮記一云」の系譜への信憑性に大きな疑問のないことによるとみられるが、継体の母振媛《ふるひめ》の出自については若干問題が残されている。周知のように、『記紀』および「上宮記一云」は、継体の母の出自について、意識的に氏族名を伏せ、体裁上垂仁裔の皇族・王族としている。しかし、「上宮記一云」の系譜からも知られるように、継体の母が越前の諸豪族と婚姻関係のあった越前三国に本拠をおく地方豪族であったことは間違いないところである。したがって、これまでも振媛の出身氏族を江沼《えぬま》臣、三国公、三尾公などとする見解が出されてきたが、江沼臣は振媛の家と婚姻関係にあった加賀江沼郡の豪族とみられ、のこる三国・三尾の両氏にしぼられる。ただ私見によれば、三尾氏は、越前の諸豪族とも婚姻関係で結ばれ、一方継体の一族とも婚姻関係を結んでいた、近江高島の南部三尾の地の豪族であって、振媛の出身氏というより、その姻族とすべきではなかろうか。したがって振媛の出自は、現在のところ、三国真人氏の前身氏族であったと考えるべきであろう。ただ、『記紀』および「上宮記一云」については、三国氏や江沼氏の関与により述作されているとの指摘もあり（水谷千秋「『上宮記一云』系譜の成立について」前掲）、さらに検討を要するであろう。そして、継体の中心的な擁立勢力としては、三尾氏に注目すべきというのが私の主張である。三尾氏が重視される根拠は、その父彦主人王の「別業」のあった近江高島の豪族で、その実質的な経営者とみられること、その母振媛の出身氏族三国氏と親密な関係にあったこと、継体に二人の后妃を入れ、しかもその一人若比売《わかひめ》は、『古事記』が筆頭にあげ、『書紀』においても、「元妃」とある安閑・宣化の母目子媛《めのこひめ》につぐ「次妃」とされ、実質的に継体の最初の妃であった可能性が高いことなどである。三尾氏が壬申の乱で近江朝廷側について没落したとみられ、その所伝の信憑性を逆に高めている点も無視できない。おそらく摂津・南山城など近畿中枢の外縁部に基盤をもっていた傍系の「王族」であった継体は、「畿内首長連合体」の一翼を担う和邇氏と伴造《とものみやつこ》氏族の雄大伴氏の支持を背景に、父祖以来拠点として経営していた三尾別業の地にあった三尾氏の協力を得て、越前・美濃・尾張などの豪族との結託関係を深め、大和政権における地位を確立したのではなかったろうか。息長氏も、おそらく坂田酒人氏とともに、かかる近畿北方ブロックの一翼につながり、中央政局への進出をうかがっていた可能性はあるが、いまだこの段階では主要な勢力であったとは考えられない。

継体の即位事情　『書紀』には、母とともに越前の三国に戻った継体が、成長後も三国に留まり、ようやく大伴金村のたび重なる要請により上京して即位したことが物語られている。ただこの物語が史実でないことは、隅田八幡鏡銘文からみて明らかであって、王権史構想の一部として述作されたことが指摘されている。そして、近年における『記紀』批判の進展、顕宗・仁賢朝についての関心の高まりは、かかる王権史構想を明らかにするうえで、重要な意義をもっている。すなわち、継体即位の物語と顕宗・仁賢即位の物語は、雄略死後の王統の断絶から欽明即位に至る事情を、王統の一系主義的な統合という立場から構想されたもので、欽明の父と母の出自の正当性を釈明する機能をもつものとみられる。ただ王権史構想の構造を考えた場合、その主要な関心が欽明の母手白香皇女の出自の正当化にあったことは、継体即位にかかわる物語に比べ、顕宗・仁賢のそれがきわめて複雑で量的にも多いことからも指摘ができる。このことは逆に継体即位物語の中核に史実が含まれている可能性を示唆するのではなかろうか。これらの点から、推古朝前後に成立した当初の「帝紀」では、主として欽明の母の出自を正当化する系譜と物語が王権史構想の中核を構成していたのに対し、天武朝以降に進められた、王統譜の一系主義的な統合をめざす『記紀』においては、それらに欽明の父に関する所伝が増補されるようになったとみる。ただこれらについては、王権史構想の成立過程や、個々の所伝についての詳細な検討が必要であり、今後の課題とせざるをえないのである。そしてそれとともに、近年注目されている欽明の出自や系譜的位置の解明も、重要な課題といえる（水野祐「欽明王朝論批判序説」『東アジアの古代文化』8、大和書房、一九七六年）。

参考文献

青木豊昭「越前における大首長墓について」『福井県立博物館紀要』一、一九八五年
青木豊昭「継体大王出現前後の動向」『継体天皇の謎に挑む』六興出版、一九九一年
赤塚次郎「断夫山古墳と伊勢の海」『伊勢湾と古代の東海』古代王権と交流4、名著出版、一九九六年
網野善彦・森浩一・門脇禎二『継体天皇と尾張の目子媛』小学館、一九九四年
井上光貞「大和国家の軍事的基礎」『日本古代史の諸問題』思索社、一九五二年
井上光貞『日本古代国家の起源』岩波書店、一九六〇年
井上光貞「帝紀からみた葛城氏」『日本古代国家の研究』岩波書店、一九六五年
上田正昭「氏族系譜の成立」『日本古代国家成立史の研究』青木書店、一九五九年
江上波夫ほか『日本民族の起源』平凡社、一九五八年
NHK大阪「今城塚古墳」プロジェクト『NHKスペシャル　大王陵発掘！　巨大埴輪と継体天王の謎』日本放送出版協会、二〇〇四年
大橋信弥『日本古代国家の成立と息長氏』吉川弘文館、一九八四年
大橋信弥「近淡海国造について—近江古代豪族ノート3—」『滋賀考古学論叢』二、一九八五年
大橋信弥「顕宗・仁賢朝の成立をめぐる諸問題—継体朝成立前史の研究—」『日本古代の王権と氏族』吉川弘文館、一九九六年

大橋信弥「三尾君氏をめぐる問題―継体擁立勢力の研究―」『日本古代の王権と氏族』吉川弘文館、一九九六年
大橋信弥「近江における和邇系氏族の研究」『日本古代の王権と氏族』吉川弘文館、一九九六年
大橋信弥「『吉備氏反乱伝承』の史料的研究」『日本古代の王権と氏族』吉川弘文館、一九九六年
大橋信弥「磐井の乱からみた古墳時代の戦乱」滋賀県立安土城考古博物館平成十一年春季特別展図録『寧処に遑あらず』一九九九年
大橋信弥「継体・欽明朝の『内乱』」『古代を考える　継体・欽明朝と仏教伝来』吉川弘文館、一九九九年
大橋信弥「息長氏と渡来文化―渡来氏族説をめぐって―」『古代豪族と渡来人』吉川弘文館、二〇〇四年
大橋信弥「依知秦氏の形成」『古代豪族と渡来人』吉川弘文館、二〇〇四年
大橋信弥「近江における渡来氏族の研究―志賀漢人を中心に―」『古代豪族と渡来人』吉川弘文館、二〇〇四年
大橋信弥「獣帯鏡がつなぐもの―武寧王陵・三上山下古墳・綿貫観音山古墳―」『古代豪族と渡来人』吉川弘文館、二〇〇四年
大橋信弥「佐々貴山君の系譜と伝承」『古代豪族と渡来人』吉川弘文館、二〇〇四年
大橋信弥「再び近江における息長氏の勢力について」『古代豪族と渡来人』吉川弘文館、二〇〇四年
大橋信弥「古代の近江」『新・遺跡でつづる古代の近江』ミネルヴァ書房、二〇〇五年
大橋信弥「吾、天下を左治す―五世紀の大王と豪族―」滋賀県立安土城考古博物館平成十八年度春季特別展『吾、天下を左治す―大王と豪族―』二〇〇六年
岡田精司「継体天皇の出自とその背景」『日本史研究』一二八、一九七二年
岡田精司「古代の王朝交替」『古代の地方史』3、朝倉書店、一九七七年
小野山節ほか『琵琶湖周辺の6世紀を探る』京都大学文学部考古学研究室、一九九五年

笠井倭人「三国遺事百済王暦と日本書紀」『朝鮮学報』二四、一九六二年（『古代の日朝関係と日本書紀』吉川弘文館、二〇〇〇年に収録）
春日井市教育委員会民俗考古調査室『味美二子山古墳の時代』春日井市、一九九七年
門脇禎二『「大化改新」論―その前史の研究―』徳間書店、一九六九年
門脇禎二『葛城と古代国家』教育社、一九八四年
川口勝康「在地首長制と日本古代国家」『歴史学研究』別冊、一九七五年
川口勝康「五世紀の大王と王統譜を探る」『巨大古墳と倭の五王』青木書店、一九八一年
岸　俊男「越前国東大寺領庄園の経営」『日本古代政治史研究』塙書房、一九六六年
岸　俊男「ワニ氏に関する基礎的考察」『日本古代政治史研究』塙書房、一九六六年
倉本一宏「真人姓氏族に関する一考察」『続日本紀研究』二三一、一九八四年（改訂して『日本古代国家成立期の政権構造』吉川弘文館、一九九七年に収録）
黒澤幸三『日本古代伝承史の研究』塙書房、一九七五年
小柴秀樹「息長系譜の形成者」『古代中世の政治と地域社会』雄山閣、一九八六年
小柴秀樹「息長氏研究の動向と課題」『古代史研究の課題と方法』国書刊行会、一九八九年
坂本太郎「継体紀の史料批判」『国学院雑誌』六二―九、一九六一年（『日本古代史の基礎的研究』上、東京大学出版会、一九六四年に収録）
『滋賀県の地名』日本歴史地名大系二五、平凡社、一九九一年
篠原幸久「王権史構想における顕宗・仁賢の位置をめぐって」『続日本紀研究』二五七、一九八八年
篠原幸久「継体王系と息長氏の伝承について」『学習院史学』二六、〇九八八年

白崎昭一郎「男大迹＝進出の背景」『東アジアの古代文化』三、一九七四年
白石太一郎「関東の後期大型前方後円墳」『古墳と古墳群の研究』塙書房、二〇〇〇年
鈴木靖民『日本の時代史2　倭国と東アジア』吉川弘文館、二〇〇二年
薗田香融「皇祖大兄御名入部について」『日本書紀研究』第三冊、塙書房、一九六八年（『日本古代財政史の研究』塙書房、一九八一年に収録）
高島正人「奈良時代の議政官と補任氏族」『奈良時代諸氏族の研究』吉川弘文館、一九八三年
高槻市教育委員会『継体天皇と今城塚古墳』吉川弘文館、一九九七年
館野和己「越の国々と豪族たち」『新版古代の日本』第七巻中部、角川書店、一九九三年
塚口義信「継体天皇と息長氏」『日本書紀研究』第九冊、塙書房、一九七六年（改訂して『神功皇后伝説の研究』創元社、一九八〇年に収録）
塚口義信「『釈日本紀』所載の「上宮記一云」について」『堺女子短期大学研究紀要』一八、一九八二年
塚田良道「天王山古墳出土の十鈴鏡を腰に下げる人物埴輪」『行田市郷土博物館研究報告』第5集、二〇〇一年
第六回東海埋蔵文化財研究会『断夫山古墳とその時代』東海埋蔵文化財研究会、一九八九年
藤間生大「いわゆる『継体・欽明朝内乱』の政治的基盤」『歴史学研究』二三九、一九六〇年
藤間生大「継体天皇擁立の思想的根拠」『歴史評論』一一四、一九六〇年
直木孝次郎「継体朝の動乱と神武伝説」『日本古代国家の構造』青木書店、一九五八年
中司照世「継体伝承地域における首長墳の動向―畿内周辺地域を中心として―」『継体大王とその時代』和泉書院、二〇〇〇年
中司照世「椀貸山・神奈備山両古墳と横山古墳群」『福井県立博物館紀要』八、二〇〇一年

『長浜市史』第一巻「湖北の古代」長浜市役所、一九九六年
奈良文化財研究所「石神遺跡発掘調査（第十五次）現地説明会資料」奈良文化財研究所飛鳥藤原宮跡発掘調査部、二〇〇二年
成清弘和「継体紀の『五世孫』について」『日本書紀研究』第一三冊、塙書房、一九八五年（『日本古代の王位継承と親族』岩田書院、一九九九年に収録）
浜田耕作・梅原末治『近江国高嶋郡水尾村の古墳　京都帝国大学文学部考古学研究報告』第八冊、京都帝国大学文学部、一九二三年
林家辰三郎「継体欽明朝内乱の史的分析」『立命館文学』八八、一九五二年（『古代国家の解体』東京大学出版会、一九五五年に収録）
（財）枚方市文化財研究調査会『継体大王とその時代』和泉書院、二〇〇〇年
平野邦雄「秦氏の研究」『大化前代社会組織の研究』吉川弘文館、一九六九年
平野邦雄「六世紀、ヤマト王権の性格」『東アジア世界における日本古代史講座』四、学生社、一九七七年
平野邦雄「いわゆる『古代王朝論』について」『国史学』一〇三、一九七七年
平野邦雄「継体朝の諸問題」『大化前代政治過程の研究』吉川弘文館、一九八五年
福井県立博物館『遺跡は語る―ここ二〇年の発掘成果から―』一九八六年
福岡澄男「高島町南部の古墳の特質について」『国道一六一号線・高島バイパス遺跡分布調査概要報告書』滋賀県教育委員会、一九七一年
福山敏男「江田発掘太刀及び隅田八幡神社鏡の製作年代について」『考古学雑誌』二四―一、一九三四年
『武寧王陵』大韓民国文化財管理局、一九七四年（日本語版）

『平城宮発掘調査出土木簡概報（二十二）―二条大路木簡一―』奈良国立文化財研究所、一九九〇年
『平城宮発掘調査出土木簡概報（二十四）―二条大路木簡二―』奈良国立文化財研究所、一九九一年『米原町史　通史編』米原町役場、二〇〇一年
まつおか古代フェスティバル実行委員会『継体大王と越の国』福井新聞社、一九九八年
黛弘道「継体天皇の系譜について」『学習院史学』五、一九六八年（『律令国家成立史の研究』吉川弘文館、一九八二年に収録）
三品彰英「『継体紀』の諸問題」『日本書紀研究』第二冊、塙書房、一九六六年
水谷千秋「三尾氏の系譜と伝承」『龍谷史壇』九七、一九九一年（『継体天皇と古代の王権』和泉書院、一九九九年に収録）
水谷千秋「『上宮記一云』系譜と記紀」（『継体天皇と古代の王権』和泉書院、一九九九年に収録）
水谷千秋「『上宮記一云』系譜の成立について」（『継体天皇と古代の王権』和泉書院、一九九九年に収録）
水野　祐『増訂　日本古代王朝史論序説』小宮山書店、一九五四年
水野　祐「欽明王朝論批判序説」『東アジアの古代文化』8、大和書房、一九七六年
森浩一・門脇禎二『継体王朝　日本古代史の謎に挑む』大巧社、二〇〇〇年
森田克行「王権を飾る埴輪の舞台―最大規模の大阪・今城塚古墳の世界―」『朝日新聞』（関西版）平成一五年一月一九日
森公章『日本の時代史3　倭国から日本へ』吉川弘文館、二〇〇二年
野洲町立歴史民俗博物館『平成一三年度秋期特別展　古代国家の始まり―近江野洲の王たち』二〇〇一年
山尾幸久「隅田八幡鏡銘による継体即位事情の考察」『日本史学』一、一九六六年
山尾幸久「大化改新論序説」『思想』五二九・五三二、一九六八年

山尾幸久「遣隋使のふるさと―小野妹子と唐臼山古墳―」『遺跡でつづる古代の近江』法律文化社、一九八二年
山尾幸久『日本古代王権形成史論』岩波書店、一九八三年
山崎秀二「新旭町における古墳時代」『滋賀県文化財報告書』第五冊、滋賀県教育委員会、一九七五年
横田健一「記紀の資料性」『日本書紀成立論序説』塙書房、一九八四年
吉井　巌「ホムツワケ王」『万葉』七四、一九七〇年（『天皇の系譜と神話』二、塙書房、一九七六年に収録）
吉井　巌「応神天皇の周辺」『天皇の系譜と神話』塙書房、一九六七年
米沢　康「三尾氏に関する一考察」『北陸古代の政治と社会』法政大学出版局、一九八九年
米沢　康「振媛の桑梓」『日本古代の神話と歴史』吉川弘文館、一九九二年
米沢　康「継体天皇の出身地をめぐる異伝について」『日本古代の神話と歴史』吉川弘文館、一九九二年

あとがき

本書は、ここ十数年余の間に、様々な機会を得て執筆した、継体天皇とその時代についての文章をまとめたものである。機会を与えてくださった諸機関に御礼を申し上げたい。

「はしがき」でもふれているように、私が継体天皇に関わることになったのは、近江の古代豪族息長氏について、論究する必要からであり、継体天皇について専論を書くとか、まして一書を上梓するなどとは思いもよらないことであった。そして本年（二〇〇七年）が継体天皇即位一五〇〇年にあたり、関係各地でいろいろなイベントが開催されることについては、職業柄早くから知るところであったが、昨年春頃から私などにも、講演・シンポジウムへの依頼が少なからずあり、その必要もあって、改めて近年の継体研究について調べる機会も、少なからず生じた。

そうした中で、継体の母振媛の出身氏族を、越前坂井の有力豪族三国真人氏とする私見が、意外に少数派であり、継体の出自についても、依然近江の古代豪族息長氏とする論調の強固なことに気付かされた。さらに以前から感じていたことではあるが、ここ一〇年余のいわゆる「大化前代」史の研究において、これまで多くの先人が築き上げてきた文献批判の方法を、十分に咀嚼することなく、『古事記』『日本書紀』の記述を無批判に史実として、旧説を批判し自説を展開するような論説が、まま見られることについても、改めて大きな危機感をもつところとなった。継体天皇についての論究においても、例外ではなく、年来の持説を改めて公表したいとの考えを持つことになった。ただ現状では一書を書き下ろす時間も能力もないため、旧稿を整理してまとめることを思い立ったが、いざ始めてみると不備な点ばかりが目につき、大幅な改訂に時間を費やすことになってしまった。

ただ本書では、継体天皇とその時代を、あくまで五世紀史の枠組みの中に位置づけることを心がけた。しかもそれは、『古事記』『日本書紀』の記述にとらわれず、その王権史構想にまで踏み込み史料批判をするという、やや煩雑な方法をとっており、文章も難解になりがちではないかとの危惧もある。しかもそれが成功しているかどうかは、読者のご判断を待つほかないが、読者のご海容を願う次第である。

本書が、こうした形で刊行できたのは、著者の唐突な願いを聞き届けていただいた吉川弘文館の御好意によるところが大きい。厚く御礼を申し上げたい。これまで刊行できた三冊の小著については、故佐伯有清先生のご斡旋によるものであった。しかし前著の刊行後しばらくして佐伯先生はお亡くなりになり、本書の刊行について、当初はかなり不安もあったが、編集部の上野純一氏の助力もあり、何とか刊行の運びとなった。

最後になるが、佐伯先生にはもはや直接お目に懸けることはかなわないが、せめて本書をご霊前に献呈し、ご冥福をお祈りするとともに、生前のご厚情に御礼を申し上げたい。

二〇〇七年十一月

大橋信弥

初出一覧

一　継体天皇の出現―日継知らす可き王なし―
原題「日継知らす可き王無し―継体大王の出現―」（平成十五年度春季特別展図録『日継知らす可き王無し―継体大王の出現―』滋賀県立安土城考古博物館、二〇〇三年）を改訂

二　継体天皇と近江・越前―三尾氏と三国氏をめぐって―
原題「継体天皇と近江・越前―三尾氏の出自をめぐって―」（地方史研究協議会編『敦賀・日本海から琵琶湖へ―「風の通り道」の地方史―』雄山閣、二〇〇六年）を増補改訂

三　継体朝の成立と息長氏
『長浜市史』第一巻「湖北の古代」（長浜市役所、一九九六年）を改編

四　継体朝成立前夜の政治過程―和邇氏と息長氏の動向を中心に―
原題「息長・和迩氏―継体天皇登場の立役者―」（『歴史読本』三一―一八、新人物往来社、一九八六年）を改訂

五　継体天皇のヤマト進出
原題「継体大王は、なぜヤマトへ進出したのか―飛鳥史の起点を考える―」（『別冊歴史読本』季刊秋号

一八—三〇、新人物往来社、一九九三年）を改訂

六　継体朝は新しい王朝か—研究の歩み—

原題「継体朝は新しい王朝か」（『争点　日本の歴史』第二巻古代篇一、新人物往来社、一九九〇年）を改訂

解説

本書は、継体即位一五〇〇年にあたる平成一九年（二〇〇七）に第一版を刊行したものである。ただ、本書はそのために書き下ろしたものではなく、それ以前にさまざまな機会を得て執筆した文章を集めたもので、初出一覧からもわかるように、もともと研究者だけに向けて書いたものではなかった。ただ、どの文章もそれまでに執筆した論文を基礎としつつも、新たな視角や構想により論究したものである。また本書に収録するにあたっては、明らかな誤まりを訂正するとともに、改編・増補しており、今回の再版に際しても、誤字・脱字の訂正に留めている。しかし、本書刊行から、すでに一二年余が経過しており、この間に発表された重要な研究も多々あり、また本書の内容についても、ご批判の労を取られたものも少なくない。そこでやや不十分であるが、本書刊行後の研究動向を整理し、ご批判に対する私見も述べることにしたい。

まず、本書の視角と主たる内容を紹介しておきたい。第一章「継体天皇の出現」は、継体の出自とその擁立勢力について、文献だけでなく考古資料の成果にも依拠して、総括的に論じたものである。そこで特に強調したのは、継体の本拠地が、今城塚《いましろづか》古墳の所在する摂津三島の地であり、この地に築造されたもう一つの大王クラスの前方後円墳、太田茶臼山古墳《おおたちゃうすやま》（現継体天皇陵）の被葬者を、継体の父彦主人王《ひこうし》に比定して、継体の父の時代から傍系の「王族」として、大王に準ずる勢力をもっていたと憶測したことであった。第二章「継体天皇と近江・越前―三尾氏と三国氏をめぐって―」は、継体天皇の父母とかかわりの深い近江高島と越前坂井の在地における動向を文献・考古資料から詳しく検討して、母振媛《ふるひめ》の出身氏族（三国君）と、継体に二人の后妃を入内させた三尾君の本拠地と来歴を論じたものである。特にこの問題の核心に関わる『上宮記』の逸文（「上宮記一云」）と『書紀』の文献批判について、詳細に論じている。

第三章「継体朝の成立と息長氏」は、私の継体研究の出発点である、近江坂田の豪族息長氏《おきなが》について、最新の研究成果に依拠し、あらためて論じたものである。新出の文字史料を加え、坂田郡の古代豪族の分布と動向を再論し、坂田古墳群と息長古墳群の近年の調査成果を検討することにより、息長氏を継体の出身氏族とする説が成立しがたいことを論じている。第四章「継体朝成立前夜の政治過程―和邇氏と息長氏の動向を中心に―」は、和邇《わに》氏と息長氏を、王権を支える「皇族氏族」とみる見解に対し、両氏による五世紀の王統譜への関与について再検討を加え批判したものである。すなわち、和邇氏のそれが系譜だけでなく旧辞部分にも及ぶもので、欽明朝における王統譜の一系的な統合に活用されたのに対し、天武朝以降に王統譜への関与をすすめた息長氏の場合は、旧辞部分への関与はできず、その出自を「応神五世孫」とするだけで、未確定であった応神から継体に至る系譜部分に集中して関与しているとした。『書紀』は、継体の出自の正当性を釈明するため、そうした息長氏が編み上げた系譜を王統譜に取り込んだとみている。

第五章「継体天皇のヤマト進出」は、継体が即位後ただちにヤマトに進出したのではなく、河内樟葉宮《かわちくずはのみや》・山背筒城宮《やましろつつきのみや》・山背弟国宮《おとくにのみや》など、ヤマト周辺の各地に遷宮を繰り返し、即位後二〇年（一本に七年後）にして、ようやく磐余玉穂宮《いわれたまほのみや》に入ったとする所伝の実像を検討したものである。すなわち、隅田八幡神社蔵人物画像鏡の銘文の記載を手がかりに、雄略没後の王統の断絶という状況下に、葛城氏を中心とする勢力が顕宗・仁賢の擁立をはかり、いっぽう和邇氏を中心とする勢力が継体の擁立をはかったと考えた。そして両勢力の妥協として、顕宗・仁賢がまず即位し、その後継として継体を認知するという方法がとられたのではないかと憶測した。第六章「継体朝は新しい王朝か―研究の歩み―」は、継体新王朝論をめぐる多様な議論を研究史という視点から整理し、その主要な論点を指摘し、私見を加えたものである。そうした中で、近年の動向として、厳密な文献批判の手続きを踏まないで、『記紀』の記述を肯定的に採用したり、研究史を軽視する傾向が見られることに警鐘を鳴らしている。

さて、本書刊行後に公表された講座や歴史シリーズは多く、当然、継体朝をめぐる問題について論究したものも少なくないが、継体天皇と継体朝について、正面から論究した研究は限られていると思う。論点が出尽くしたともいえるが、古代史研究の中で、いわゆる「大化前代史研究」が不振であることと無関係ではなさそうである。そうした中で、継体天皇に焦点を当て、包括的に論じたのが、篠川賢氏による『継体天皇』（人物叢書、吉川弘文館、二〇一六年）である。篠川氏の新著は、『記紀』を始めとする文献史料や金石文の、厳密な史料批判により、適正な史実を導き出し、最新の考古資料にも依拠して、継体天皇とその時代を平明に叙述されたものである。特に篠川氏が長年取り組まれてきた国造制・部民制の形成と継体朝について、的確な指摘がなされている。そして、ここで特筆しておきたいことは、真の継体天皇陵と考えられる今城塚古墳の最新の調査成果が、調査担当者によりまとめられたことである。森田克行『日本の遺跡　七　今城塚と三島古墳群』（同成社、二〇〇六年）、同『よみがえる大王墓・今城塚古墳』（新泉社、二〇一一年）がそれで、今後継体天皇を論じる場合、篠川氏の著書とともに必須のものといえる。

継体王朝論をめぐる議論で、まず取りあげる必要があるのは、『古事記』『日本書紀』（以下『記紀』と略記）をはじめとする文献史料の取り扱いであろう。その中で、継体の出自や即位事情を考えるうえで、特に重要な位置を占めるのが、『釈日本紀』が引用する『上宮記』の逸文（「上宮記一云」）である。本書でもたびたび取りあげており、特に第二章では詳しく論じているが、その際に参照できなかった重要な研究として、大山誠一「『上宮記』の成立」（『聖徳太子の真実』平凡社、二〇〇三年）と、溝口睦子「系譜論からみた『上宮記』逸文―「制度としての出自系譜」の成立―」（『十文字国文』十号、二〇〇六年）をあげておきたい。前者は、慎重な文献批判のうえに、『上宮記』逸文は、聖徳太子を対象とする文献ではなく、『書紀』編者が、継体出自記事を書く過程で作成した草稿の一種で、平安初期まで朝廷で行われていた『書紀』講筵の際に参照されていたことから、『上宮記』に引用されることになったとする。説得力ある見解といえる。後者は、著者がすすめる、系譜（始祖系譜）とは、必ずしも現実の血縁関係をそのまま記録したものではなく、理念的・神話的な性格をもつとする系譜論の立場から、『上宮記』逸文の系譜について、その成り立ちと構造を検討されたものである。すなわち、この系譜はもともと作成主体の異なる二つの系譜を統合して成立したもので、それぞれ継体の父方（息長氏とされる）と母方（三国氏とする）が伝えていた父系系図であるとし、両属系譜とみる説を批判している。ただ父系系図であるからとして、当時が父系主義の親族意識が一般的な社会ではなく、「制度としての出自系譜」によって、政治的統合をめざす王権の要請の結果とみている。こうした基礎的な文献批判を積み上げることにより、『上宮記』逸文の研究がさらに進展することを希望したい。私も、『上宮記』逸文については、王権が伝えていた「帝紀」の一種とみていたが、両氏の指摘に学ぶなら、『書紀』編者の手元には、いくつかの「帝紀」が伝わっており、その中から『書紀』編者が選んだのが息長氏の関与する「帝紀」であり、『上宮記』逸文は王権が所持していた「帝紀」のひとつであったと考えることができるであろう。

ついで、私が取りあげたい重要な論点は、継体の出自の問題である。先にみたように、本書では、継体を五世紀の「王統」からは疎外された、傍系の「王族」とする『書紀』と『上宮記』の逸文の記述を、史実を核とするとみているが、これに対し、山尾幸久氏は、継体以前には、いまだ世襲王権は確立しておらず、「王族」なる概念は存在しないとし、継体は近江に本拠を置く地方豪族で、息長氏に出自するとする自説を述べられている（「越前三尾氏について―継体大王との関連で―」『季刊考古学』・別冊19、二〇一三年）。しかし「王族」をめぐる議論については、『宋書』にみえるいわゆる倭の五王の続柄などの記載から、王権の世襲までは明らかでないが、男系で王位を継承する「王統」という観念がすでに存在していると考える立場を支持したい。例えば大王墓とみられる巨大古墳の系譜と分布からみて、「王統」「王族」なり、その前身が実体化していると考えることができるのではないか（白石太一郎『古墳とヤマト政権―古代国家はいかに形成されたか―』文芸春秋、一九九九年）。また、継体が「前王朝」の系譜を引く手白香を「大后」とし、入り婿婚の形をとって即位していることも、そうした観念の存在を裏付けると考える。また、継体の出自を息長氏とする見解については、熊谷公男氏（『大王から天皇へ』『日本の歴史』03、講談社、二〇〇一年）や篠川賢氏（前掲）など多くの論者も支持されているが、いずれも明確な根拠は示されておらず、『古事記』の記述や、継体妃に近江出身とするものが多いことなどをあげるのみで、説得力を欠いていると思う。私が繰り返し主張しているように、近江坂田における息長氏の勢力については、坂田郡域の首長墓の分布や時期・規模からみて、南部地域の首長が有力化するのは継体が即位した六世紀以降であり、それ以前において息長氏は、坂田郡北部の坂田酒人氏に従属する中・小豪族で、「新王朝」を打ち立てる力量はなかったと考えている。

さらに、もう一つの重要な論点である継体天皇の即位事情については、早くからその后妃についての『記紀』の所伝から、擁立勢力の検討がなされており、それが、近江高島・近江坂田・越前・美濃・尾張・河内・摂津など広範囲にわたることが明らかにされている。そうした中で、本書において私は、近江野洲の近淡海安国造を、文献史料からは窺えないが、大岩山古墳群の円山・甲山古墳の検討などから、擁立勢力に加えることを提唱した。そして、その後、近江高島の三尾里に所在する、上御殿遺跡から出土した「守君船人」の墨書土器を手がかりに、美濃を本拠とし、彦主人王の母の出身氏族牟義都国造（牟義公）の同族守君が、継体擁立勢力として、美濃から越前坂井・近江坂田・近江高島に進出し、そうした地域をつなぐ交流に関わっていたことを推定している（「継体天皇と美濃―「守君船人」墨書土器の発見の意義―」『古代の地域支配と渡来人』吉川弘文館、二〇一九年）。また、私は、継体妃「阿倍之波延比売」を手がかりに、六世紀以降有力化する阿倍氏が、摂津三島にも拠点を持つ、継体擁立勢力であることを指摘している（「継体朝の成立と阿倍氏」『阿倍氏の研究』雄山閣、二〇一七年）。

そして、継体の即位や勢力を考えるうえで、大きな論点となっているのが、継体の母振媛の出身氏族と、継体に二人の后妃を入内させた三尾君の系譜と本拠地をめぐる問題である。本書において私は、振媛の本拠については、『書紀』と『上宮記』逸文の記述に依拠して、越前三国の坂中井とし、その出自は、この地の郡領氏族三国君と考えている。三尾君とする米沢康氏（「三尾氏に関する一考察」『北陸古代の政治と社会』法政大学出版局、一九八九年）や水谷千秋氏（「三尾氏の系譜と伝承」『継体天皇と古代の王権』和泉書院、一九九九年）の見解を批判し、その本拠についても、彦主人王の「別業」のある高島三尾の地とする自説を維持している。この点については、その後、加藤謙吉氏が、山尾幸久氏の越前三国本拠説＝高島三尾移住説を支持されるが、移住の時期については、継体即位後とする修正案を示されている（「文献資料から見た継体大王」大阪府立近つ飛鳥博物館春季特別展図録『継体大王の時代』二〇一〇年）。三尾氏高島移住説については、移住の理由と目的が明確ではなく、本拠を越前三国とすることとともに、現時点では従うことはできない。そして、このほかにもまだまだふれるべき論点は少なくないが、紙幅の都合もあり、本書刊行後の研究動向についての論評は、部分的にとどまっており、あらためて検討する機会をもちたい。

二〇一九年十二月

大橋信弥

著者略歴

一九四五年　茨城県石岡市に生まれる
一九七二年　立命館大学大学院文学研究科日本史学専攻修士課程修了
滋賀県立安土城考古博物館学芸課長を経て
現在　渡来人歴史館顧問　成安造形大学芸術学部非常勤講師

〔主要著書〕

『日本古代国家の成立と息長氏』(吉川弘文館、一九八四年)
『日本古代の王権と氏族』(吉川弘文館、一九九六年)
『古代豪族と渡来人』(吉川弘文館、二〇〇四年)
『阿倍氏の研究』(雄山閣、二〇一七年)
『古代の地域支配と渡来人』(吉川弘文館、二〇一九年)

継体天皇と即位の謎〈新装版〉

二〇〇七年(平成十九)十二月二十日　第一版第一刷発行
二〇二〇年(令和二)三月一日　新装版第一刷発行

著者　大橋《おおはし》信弥《のぶや》
発行者　吉川道郎
発行所　株式会社 吉川弘文館
郵便番号一一三—〇〇三三
東京都文京区本郷七丁目二番八号
電話〇三—三八一三—九一五一〈代表〉
振替口座〇〇一〇〇—五—二四四番
http://www.yoshikawa-k.co.jp/
印刷＝株式会社 ディグ
製本＝株式会社 ブックアート
装幀＝清水良洋・陳湘婷・高橋奈々

ISBN978-4-642-08379-9